NOM▲DES
Les littératures du monde

DU MÊME AUTEUR

THÉÂTRE

Alphonse, Leméac, 1996.

Les Mains d'Edwige au moment de la naissance, Leméac, 1999.

Pacamambo, Leméac/Actes Sud-Papiers, coll. «Heyoka Jeunesse», 2000; Leméac/Actes Sud Junior, coll. «Poche théâtre», 2007.

Rêves, Leméac/Actes Sud-Papiers, 2002.

Willy Protagoras enfermé dans les toilettes, Leméac/Actes Sud-Papiers, 2004.

Assoiffés, Leméac/Actes Sud-Papiers, 2007.

Le soleil ni la mort ne peuvent se regarder en face, Leméac/Actes Sud-Papiers, 2008.

Seuls. Chemin, texte et peintures, Leméac/Actes Sud-Papiers, 2008.

Le Sang des promesses. Puzzle, racines, et rhizomes, Actes Sud-Papiers/Leméac, 2009.

Journée de noces chez les Cromagnons, Leméac/Actes Sud-Papier, 2011.

LE SANG DES PROMESSES

Littoral, Leméac/Actes Sud-Papiers, 1999; 2009; Babel, 2010.

Incendies, Leméac/Actes Sud-Papiers, 2003; 2009.

Forêts, Leméac/Actes Sud-Papiers, 2006; 2009; Nomades, 2015.

Ciels, Leméac/Actes Sud-Papiers, 2009; Babel, 2012.

ROMAN

Visage retrouvé, Leméac/Actes Sud, 2002; Babel, 2010.

Un obus dans le cœur, Leméac/Actes Sud Junior, coll. «D'une seule voix», 2007.

Anima, Leméac/Actes Sud, 2012; Babel, 2014.

ENTRETIENS

«Je suis le méchant!», entretiens avec André Brassard, Leméac, 2004

INCENDIES

Illustration en couverture : *Incendies* pour Wajdi Mouawad © Lino, 2003

Leméac Éditeur remercie le Conseil des arts du Canada, la Société de développement des entreprises culturelles du Québec (SODEC) et le Programme de crédit d'impôt pour l'édition de livres du Québec (Gestion SODEC) du soutien accordé à son programme de publication.

Financé par le gouvernement du Canada
Funded by the government of Canada | **Canadä**

© LEMÉAC ÉDITEUR, 2009
ISBN 978-2-7609-3618-8

Imprimé au Canada

Wajdi Mouawad

Incendies

LE SANG DES PROMESSES / 2

Postface de Charlotte Farcet

NOM▲DES

*Pour Nayla Mouawad
et Nathalie Sultan
l'une arabe, l'autre juive
toutes deux mes sœurs de sang*

UNE CONSOLATION IMPITOYABLE

Incendies est le second volet d'une tétralogie amorcée avec l'écriture et la mise en scène de *Littoral* en 1997. Sans en être une suite narrative, *Incendies* reprend la réflexion autour de la question de l'origine. Même si j'ignore encore exactement vers où ira la suite, et quand elle sera à nouveau abordée, je sais que, depuis peu, un mot encombre ma tête, peut-être est-ce un titre, peut-être est-ce un décor, mais ce mot, j'en ai l'intuition, est le rêve prémonitoire d'une troisième partie. Ce mot est *Forêts*.

Tout comme *Littoral**, *Incendies* n'aurait jamais vu le jour sans la participation des comédiens. En ce sens, la manière dont la pièce fut écrite et mise en scène constitue aussi une suite de *Littoral*, puisque, là aussi, le texte fut écrit à mesure des répétitions échelonnées sur une période de dix mois.

Je tiens à dire combien l'engagement des comédiens fut crucial. Simon n'aurait jamais été boxeur si Reda Guerinik n'avait pas participé au projet. Sawda n'aurait pas été aussi en colère sans Marie-Claude Langlois et Nihad n'aurait probablement pas chanté si je n'avais pas travaillé avec Éric Bernier. Il s'agissait de révéler l'acteur

_____

* *Littoral*, Leméac/Actes Sud-Papiers, 1999 ; 2009.

par le personnage et de révéler le personnage par l'acteur, pour qu'il n'y ait plus d'espace psychologique qui puisse les séparer. Le seul espace permettant à l'acteur et au personnage de ne pas totalement se confondre fut celui de la fiction, du faire semblant, de l'imagination. Alors, avant même qu'une ligne ne soit écrite, nous avons parlé de consolation. La scène comme un lieu de consolation impitoyable. Une consolation impitoyable. C'était déjà pour moi un pas dans le tunnel. Un esprit. Une sensation. Des mots commençaient à venir. Je me suis mis en marche. Une marche dans le noir. Les voix des comédiens me guidant. Il y eut, un jour, cette question : «Qu'avez-vous envie de faire sur une scène ? De dire ? Quelle action, quel fantasme auriez-vous envie de réaliser ?» Tout était permis. Du plus ludique au plus sérieux, du plus grotesque au plus conventionnel. Ça ne coûtait pas cher. Ainsi, Réda me parla de boxer. Marie-Claude de jouer le rôle d'une meilleure amie. Annick Bergeron, qui jouera l'une des trois Nawal, aurait bien voulu danser des claquettes et Richard Thériault, qui donnera corps à Hermile Lebel, aurait aimé chanter du Tim Jones. C'était drôle et fragile de voir chacun avouer ses fantasmes d'enfance ou d'adolescence, mais tout désir porte en lui une vérité incontestable et tout désir, si simplement exprimé un jour du mois de mai autour de la table, devenait pour moi une piste à laquelle je n'aurais jamais pensé tout seul. Tout ne fut pas pris en considération, mais souvent j'ai pu y trouver des solutions à la trame narrative. L'exemple le plus étonnant est celui du nez de clown. Isabelle Roy, qui allait interpréter la plus jeune des Nawal, avoue rêver de jouer un clown pas drôle. Il y avait un grand écart entre cette Nawal et un clown pas drôle, mais cette idée de clown va prendre une tournure étonnante et devenir un des points aveugles de l'histoire. Au-delà des fantasmes enfantins, il y avait aussi les idées et les paroles de chacun. Il fut question de territoire, de reconstruction, de la guerre du Liban, de Noé et de l'Abitibi. Il fut question de divorces, de mariages, de théâtre et de Dieu ; il fut aussi question du monde d'aujourd'hui, de la guerre en Irak, mais aussi du monde d'hier : la découverte de l'Amérique.

L'écriture s'est alors mise en marche et le travail de répétition a suivi. Le travail de scénographie aussi eut à s'adapter au fait que le texte s'écrivait à mesure et, tout au long de cette période, j'ai eu le sentiment qu'il était question avant tout d'une troupe de théâtre, avec ses techniciens et ses comédiens, qui œuvraient pour dégager le chemin à l'écriture. Sans cette écoute, sans cette participation, sans cet engagement actif de la part de chaque membre de l'équipe, je n'aurais pas pu écrire. C'est important à dire, important à faire entendre : *Incendies* est né de ce groupe, son écriture est passée à travers moi. Pas à pas jusqu'au dernier mot.

WAJDI MOUAWAD
23 mars 2003

PERSONNAGES

Nawal
Jeanne
Simon
Hermile
Antoine
Sawda
Nihad

INCENDIE DE NAWAL

1. Notaire

Jour. Été. Bureau de notaire.

HERMILE LEBEL. C'est sûr, c'est sûr, c'est sûr, je préfère regarder le vol des oiseaux. Maintenant faut pas se raconter de racontars : d'ici, à défaut d'oiseaux, on voit les voitures et le centre d'achats. Avant, quand j'étais de l'autre côté du bâtiment, mon bureau donnait sur l'autoroute. C'était pas la mer à voir, mais j'avais fini par accrocher une pancarte à ma fenêtre : *Hermile Lebel, notaire.* À l'heure de pointe ça me faisait une méchante publicité. Là, je suis de ce côté-ci et j'ai une vue sur le centre d'achats. Un centre d'achats ce n'est pas un oiseau. Avant, je disais un *zoiseau.* C'est votre mère qui m'a appris qu'il fallait dire un oiseau. Excusez-moi. Je ne veux pas vous parler de votre mère à cause du malheur qui vient de frapper, mais il va bien falloir agir. Continuer à vivre comme on dit. C'est comme ça. Entrez, entrez, entrez, ne restez pas dans le passage. C'est mon nouveau bureau. J'emménage. Les autres notaires sont partis. Je suis tout seul dans le bloc.

Ici, c'est beaucoup plus agréable parce qu'il y a moins de bruit, l'autoroute est de l'autre côté. J'ai perdu la possibilité de faire de la publicité à l'heure de pointe, mais au moins je peux garder ma fenêtre ouverte, et comme je n'ai pas encore l'air conditionné, ça tombe bien.

Oui. Bon.

C'est sûr, c'est pas facile.

Entrez, entrez, entrez ! Ne restez pas dans le passage enfin, c'est un passage !

Je comprends, en même temps, je comprends qu'on ne veuille pas entrer.

Moi, je n'entrerais pas.

Oui. Bon.

C'est sûr, c'est sûr, c'est sûr, j'aurais bien mieux aimé vous rencontrer dans une autre circonstance mais l'enfer est pavé de bonnes circonstances, alors c'est plutôt difficile de prévoir. La mort, ça ne se prévoit pas. La mort, ça n'a pas de parole. Elle détruit toutes ses promesses. On pense qu'elle viendra plus tard, puis elle vient quand elle veut. J'aimais votre mère. Je vous dis ça comme ça, de long en large : j'aimais votre mère. Elle m'a souvent parlé de vous. En fait pas souvent, mais elle m'a déjà parlé de vous. Un peu. Parfois. Comme ça. Elle disait : les jumeaux. Elle disait la jumelle, souvent aussi le jumeau. Vous savez comment elle était, elle ne disait jamais rien à personne. Je veux dire bien avant qu'elle se soit mise à plus rien dire du tout, déjà elle ne disait rien et elle ne me disait rien sur vous. Elle était comme ça. Quand elle est morte, il pleuvait. Je ne sais pas. Ça m'a fait beaucoup de peine qu'il pleuve. Dans son pays il ne pleut jamais, alors un testament, je ne vous raconte pas le mauvais temps que ça représente. C'est pas comme les oiseaux, un testament, c'est sûr, c'est autre chose. C'est étrange et bizarre mais c'est nécessaire. Je veux dire que ça reste un mal nécessaire. Excusez-moi.

Il éclate en sanglots.

2. Dernières volontés

Quelques minutes plus tard.
Notaire. Jumeau, jumelle.

HERMILE LEBEL. Testament de madame Nawal Marwan. Les témoins qui ont assisté à la lecture du testament lors de son enregistrement sont monsieur Trinh Xiao Feng, propriétaire du restaurant *Les Burgers du Vietcong*, et madame Suzanne Lamontagne, serveuse au restaurant *Les Burgers du Vietcong*.

C'est le restaurant qu'il y avait juste en bas du bloc. À l'époque, chaque fois que j'avais besoin de deux témoins, je descendais voir Trinh Xiao

Feng. Alors, il montait avec Suzanne. La femme de Trinh Xiao Feng, Hui Huo Xiao Feng, gardait le restaurant. Le restaurant a fermé maintenant. Ça a fermé. Trinh est mort. Hui Huo Xiao Feng s'est remariée avec Réal Bouchard qui était commis ici, chez maître Yvon Vachon, un collègue. La vie c'est comme ça. En tout cas.

L'ouverture du testament se fait en présence de ses deux enfants : Jeanne Marwan et Simon Marwan, tous deux âgés de 22 ans et nés, tous deux, le 20 août 1980 à l'hôpital Saint-François à Ville-Émard, c'est pas loin d'ici.

Selon la volonté du testateur et conformément aux règlements et aux droits de madame Nawal Marwan, le notaire Hermile Lebel est institué exécuteur testamentaire.

Je tiens à vous dire que c'était là la décision de votre mère. J'étais personnellement contre, je le lui ai déconseillé mais elle a insisté. J'aurais pu refuser, mais je n'ai pas pu.

Le notaire ouvre l'enveloppe.

Tous mes avoirs seront partagés équitablement entre Jeanne et Simon Marwan, enfants jumeaux nés de mon ventre. L'argent sera légué équitablement à l'un et à l'autre et mes meubles seront distribués selon leurs désirs et selon leurs accords. S'il y a litige ou mésentente, l'exécuteur testamentaire devra vendre les meubles et l'argent sera séparé équitablement entre le jumeau et la jumelle. Mes vêtements seront donnés à une œuvre de charité choisie par l'exécuteur testamentaire.

À mon ami, le notaire Hermile Lebel, je lègue mon stylo plume noir.
À Jeanne Marwan, je lègue la veste en toile verte avec l'inscription 72 à l'endos.
À Simon Marwan, je lègue le cahier rouge.

Le notaire sort les trois objets.

Enterrement.
Au notaire Hermile Lebel.
Notaire et ami,
Emmenez les jumeaux
Enterrez-moi toute nue
Enterrez-moi sans cercueil
Sans habit, sans écorce
Sans prière
Et le visage tourné vers le sol.
Déposez-moi au fond d'un trou,
Face première contre le monde.
En guise d'adieu,
Vous lancerez sur moi
Chacun
Un seau d'eau fraîche.
Puis vous jetterez la terre et scellerez ma tombe.

Pierre et épitaphe.
Au notaire Hermile Lebel.
Notaire et ami,

Aucune pierre ne sera posée sur ma tombe
Et mon nom gravé nulle part.
Pas d'épitaphe pour ceux qui ne tiennent pas leurs promesses.
Et une promesse ne fut pas tenue.
Pas d'épitaphe pour ceux qui gardent le silence.
Et le silence fut gardé.
Pas de pierre
Pas de nom sur la pierre
Pas d'épitaphe pour un nom absent sur une pierre absente.
Pas de nom.

À Jeanne et Simon, Simon et Jeanne.
L'enfance est un couteau planté dans la gorge.
On ne le retire pas facilement.

Jeanne,
Le notaire Lebel te remettra une enveloppe.
Cette enveloppe n'est pas pour toi.
Elle est destinée à ton père
Le tien et celui de Simon.
Retrouve-le et remets-lui cette enveloppe.

Simon,
Le notaire Lebel te remettra une enveloppe.
Cette enveloppe n'est pas pour toi.
Elle est destinée à ton frère.
Le tien et celui de Jeanne.
Retrouve-le et remets-lui cette enveloppe.

Lorsque ces enveloppes auront été remises à leur destinataire

Une lettre vous sera donnée
Le silence sera brisé
Et une pierre pourra alors être posée sur ma tombe
Et mon nom sur la pierre gravé au soleil.

Long silence.

SIMON. Elle nous aura fait chier jusqu'au bout ! La salope ! La vieille pute ! La salope de merde ! L'enfant de chienne ! La vieille câlisse ! La vieille salope ! L'enculée de sa race ! Elle nous aura vraiment fait chier jusqu'au bout ! On se disait à chaque jour depuis si longtemps elle va crever, la salope, elle arrêtera de nous emmerder, elle arrêtera de nous écœurer la grosse tabarnak ! Et là, bingo ! Elle finit par crever ! Puis, *surprise* ! C'est pas fini ! Putain de merde ! On l'a pas prévue celle-là ; hostie que je l'ai pas vue venir ! Elle a bien préparé son coup, bien calculé ses affaires la crisse de pute ! Je lui cognerais le cadavre ! You bet qu'on va l'enterrer face contre terre ! You bet ! On va y cracher dessus !

Silence.

Moi, en tout cas, je vais cracher !

Silence.

Elle est morte, puis juste avant de mourir elle s'est demandé comment elle pouvait faire pour nous fucker encore plus l'existence ! Elle s'est assise, elle a réfléchi, puis elle a trouvé ! Faire son testament ! Son câlisse de testament !

HERMILE LEBEL. Elle l'a rédigé il y a cinq ans !

SIMON. J'en ai rien à foutre de quand elle l'a rédigé, O.K. !!

HERMILE LEBEL. Écoutez ! Elle est morte ! Votre mère est morte ! Je veux dire que c'est quelqu'un qui est mort. Quelqu'un qu'on ne connaît pas très bien personne, mais quand même, qui a été quelqu'un. Qui a été jeune, qui a été adulte, qui a été vieux puis qui est mort ! Alors il y a sûrement une explication au milieu de tout ça ! Ce n'est pas rien ! Je veux dire, elle a toujours bien vécu toute une vie torieu cette femme-là, ça doit bien valoir quelque chose en quelque part !

SIMON. Je vais pas pleurer ! Je vous jure que je vais pas pleurer ! Elle est morte ! hey ! On s'en crisse-tu, tabarnak ! On s'en crisse-tu qu'elle soit morte ! Je ne lui dois rien, à cette femme-là. Pas une larme, rien ! On dira bien ce qu'on voudra ! Que je n'ai pas pleuré à la mort de ma mère ! Je dirai que ce n'était pas ma mère ! Que ce n'était rien ! On s'en crisse-tu tu penses, on s'en crisse-tu ? Je vais pas commencer à faire semblant ! Pas commencer à la pleurer ! Quand est-ce qu'elle a pleuré pour moi ? Pour Jeanne ? C'est pas un cœur qu'elle avait dans le cœur, c'est une brique. On pleure pas pour une brique, on pleure pas. Pas un cœur ! Une brique, putain, une brique ! Je ne veux plus en entendre parler! Je ne veux plus rien savoir!

HERMILE LEBEL. Elle a pourtant émis un souhait à votre égard. Vos prénoms sont là, dans ses dernières volontés…

SIMON. Big deal! On est ses enfants et vous en savez plus sur elle que nous! Big deal que nos prénoms soient là! Big deal!

HERMILE LEBEL. Les enveloppes, le cahier, l'argent…

SIMON. J'en veux pas de son argent, j'en veux pas de son cahier… Si elle pense m'émouvoir avec son crisse de cahier! C'est la meilleure, celle-là! Ses dernières volontés! Retrouve ton père et ton frère! Pourquoi elle ne les a pas retrouvés elle-même si c'était si urgent!? Tabarnak! Pourquoi elle ne s'est pas un peu occupée de nous, la crisse, s'il lui fallait absolument un autre fils quelque part?! Pourquoi dans son putain de testament elle ne dit pas une seule fois le mot *mes enfants* pour parler de nous?! Le mot *fils*, le mot *fille*! Je ne suis pas cave! Je ne suis pas cave! Pourquoi elle dit les jumeaux?! « La jumelle le jumeau, enfants sortis de mon ventre », comme si on était un tas de vomissure, un tas de merde qu'elle a été obligée de chier! Pourquoi?!

HERMILE LEBEL. Écoutez, je comprends!

SIMON. Qu'est-ce que tu peux comprendre, tête de gland!

HERMILE LEBEL. Je comprends très bien qu'après avoir écouté ce qu'on vient d'écouter on puisse se retrouver les quatre jambes en l'air en se demandant ce qui se passe, qui on est et pourquoi pas nous ! Je comprends, je veux dire je comprends ! C'est pas tous les jours qu'on apprend que notre père que l'on croyait mort est encore vivant et qu'on a un frère quelque part dans le monde !

SIMON. Y a pas de père, y a pas de frère, c'est n'importe quoi !

HERMILE LEBEL. Pas dans un testament ! Pas des choses comme ça !

SIMON. Vous ne la connaissez pas !

HERMILE LEBEL. Je la connais d'une manière différente !

SIMON. De toutes les façons, ça ne me tente pas de discuter avec vous !

HERMILE LEBEL. Il faut lui faire confiance !

SIMON. Ça ne me tente pas…

HERMILE LEBEL. Elle avait ses raisons.

SIMON. Ça ne me tente pas de discuter avec vous ! J'ai un combat de boxe dans dix jours, fait que je veux rien savoir ! On va l'enterrer et c'est tout ! On va aller voir un salon funéraire, on va acheter un cercueil, on va la mettre dans le cercueil, mettre le cercueil dans le trou, la terre dans le trou, une pierre sur la terre et son nom sur la pierre, et on décrisse toute la gang !

HERMILE LEBEL. C'est impossible ! Ce ne sont pas là les volontés de votre mère et je ne permettrai pas qu'on aille à l'encontre de ses volontés !

SIMON. Et tu es qui, toi, pour aller à l'encontre ?

HERMILE LEBEL. Je suis, malheureusement, son exécuteur testamentaire et je n'ai pas la même opinion que vous sur cette femme !

SIMON. Comment pouvez-vous la prendre au sérieux ? Je veux dire ! Pendant dix ans elle passe ses journées au palais de justice à assister à des procès sans fin de tordus, de vicieux et d'assassins de tous genres puis, du jour au lendemain, elle se tait, ne dit plus un mot ! Cinq ans sans parler, c'est long en tabarnak ! Plus une parole, plus un son, plus rien ne sort de sa bouche ! Elle pète un câble, un plomb, elle pète une fuze si vous préférez et elle s'invente un mari encore vivant, mort depuis des lustres, et un autre fils qui n'a jamais existé, parfaite fabulation de l'enfant qu'elle aurait voulu avoir, de l'enfant qu'elle aurait été capable d'aimer, cette salope, et là, elle veut que moi, j'aille le chercher ! Si après ça vous êtes capable de me parler de dernières volontés…

HERMILE LEBEL. Du calme !

SIMON. Si après ça vous pouvez me convaincre qu'il s'agit là des dernières volontés de quelqu'un qui a encore toute sa tête…

HERMILE LEBEL. Du calme !

SIMON. Putain ! Câlisse d'hostie de crisse de fuck, de fuck, de fuck…

Silence.

HERMILE LEBEL. C'est sûr, c'est sûr, c'est sûr, mais avouez tout de même que vous aussi vous arrangez les choses à votre convenance… Je ne sais pas, ça ne me regarde pas vous avez raison elle s'est tue sans que l'on comprenne pourquoi pendant longtemps et oui, oui, c'est un acte de folie à première vue mais peut-être pas ! je veux dire c'était peut-être autre chose ; je ne veux pas vous vexer mais si c'était un acte de folie elle n'aurait pas reparlé. Et puis l'autre jour, tout de même, ou l'autre nuit, vous le savez, vous ne pouvez pas le nier, on vous a appelé, elle a parlé. Et vous ne pouvez pas me dire que c'était une coïncidence, un effet du hasard ! Je ne crois pas à ça, moi ! Je veux dire que c'était un cadeau qu'elle vous faisait ! Le plus beau cadeau qu'elle pouvait vous faire ! Je veux dire ça a son importance ! Le jour et l'heure de votre anniversaire elle recommence à parler ! Et elle dit quoi ? Elle dit : « Maintenant que nous sommes ensemble ça va mieux. » « Maintenant que nous sommes ensemble ça va mieux ! » C'est pas habituel comme phrase ! Elle n'a pas dit : « Coudonc ! Je mangerais bien un hot-dog oignon, relish, moutarde », ou bedon : « Passez-moi le sel ! » Non ! « Maintenant que nous sommes ensemble ça

24

va mieux. » Hey ! L'infirmier l'a entendue. Il l'a entendue. Pourquoi il aurait inventé ? Il n'aurait pas pu. Pas pu inventer quelque chose de si vrai. Vous le savez, je le sais, on le sait tous, une phrase pareille, ça lui ressemble comme deux couteaux ! Mais bon, je suis d'accord avec vous ! C'est vrai ! Elle s'est tue pendant des années. Je vous l'accorde et je vous l'accorde aussi, si tout ça était demeuré dans cet état j'aurais eu des doutes moi aussi. Comme quoi vous avez raison ! Mais quand même, il ne faut pas l'oublier, il faut, je crois, le prendre en considération. Elle a posé un acte de raison. « Maintenant que nous sommes ensemble ça va mieux ! » Vous ne pouvez pas dire non. Le nier. Nier votre anniversaire ! On ne nie pas ce genre de choses. Maintenant c'est sûr ! C'est sûr, c'est sûr, c'est sûr, vous avez la liberté de faire ce que vous voulez, vous avez la liberté de ne pas répondre aux volontés de votre mère. Vous n'êtes obligés en rien. Mais vous ne pouvez pas exiger la même chose des autres. De moi. De votre sœur. Les faits sont là : votre mère demande une chose à chacun de nous trois, ce sont des volontés, et chacun fait ce qu'il veut. Même les condamnés à mort ont le droit à des volontés. Pourquoi pas votre mère…

Simon sort.

Les enveloppes sont avec moi. Je vais les garder. Aujourd'hui vous ne voulez pas en entendre parler, mais peut-être plus tard. Rome ne s'est pas

construite en plein jour. Faut se laisser du temps.
Vous pouvez m'appeler n'importe quand…

Jeanne sort à son tour.

3. Théorie des graphes
et vision périphérique

*Salle de cours où enseigne Jeanne. Rétropro-
jecteur.*
Jeanne allume le rétroprojecteur.
Début du cours.

JEANNE. Je ne peux pas dire aujourd'hui combien
d'entre vous passeront à travers les épreuves qui
vous attendent. Les mathématiques telles que
vous les avez connues jusqu'à présent ont eu pour
but d'arriver à une réponse stricte et définitive
en partant de problèmes stricts et définitifs. Les
mathématiques dans lesquelles vous vous engagez
en suivant ce cours d'introduction à la théorie
des graphes sont d'une tout autre nature puisqu'il
sera question de problèmes insolubles qui vous
mèneront, toujours, vers d'autres problèmes tout
aussi insolubles. Les gens de votre entourage vous
répéteront que ce sur quoi vous vous acharnez
est inutile. Votre manière de parler changera
et, plus profondément encore, votre manière de
vous taire et de penser. C'est cela précisément

que l'on vous pardonnera le moins. On vous reprochera souvent de dilapider votre intelligence à des exercices théoriques absurdes, plutôt que de la mettre au profit de la recherche contre le sida ou d'un traitement contre le cancer. Vous n'aurez aucun argument pour vous défendre, car vos arguments sont eux-mêmes d'une complexité théorique absolument épuisante. Bienvenue en mathématiques pures, c'est-à-dire au pays de la solitude. Introduction à la théorie des graphes.

Salle d'entraînement. Simon avec Ralph.

RALPH. Tu sais pourquoi t'as perdu ton dernier combat, Simon ? Et tu sais pourquoi t'as perdu ton avant-dernier combat ?

SIMON. J'étais pas en forme, c'est tout.

RALPH. C'est pas comme ça que tu vas arriver à te qualifier. Mets tes gants.

JEANNE. Prenons un polygone simple à cinq côtés nommés A, B, C, D et E. Nommons ce polygone le polygone K. Imaginons à présent que ce polygone représente le plan d'une maison où vit une famille. Et qu'à chaque coin de cette maison est posté un des membres de cette famille. Remplaçons un instant A, B, C, D et E par la grand-mère, le père, la mère, le fils, la fille vivant ensemble dans le polygone K. Posons alors la question à savoir qui, du point de vue qu'il occupe, peut voir qui. La grand-mère voit le père, la mère et la fille. Le père voit la mère et la grand-mère. La mère voit la grand-mère, le père, le fils et la fille. Le fils voit la mère et la sœur. Enfin la sœur voit le frère, la mère et la grand-mère.

RALPH. Tu ne regardes pas ! T'es aveugle ! Tu ne vois pas les jeux de jambes du gars qui est en face de toi ! Tu ne vois pas sa garde… On appelle ça un problème de vision périphérique.

SIMON. O.K., c'est bon !

JEANNE. On appelle cette application l'application théorique de la famille vivant dans le polygone K.

RALPH. Réchauffe-toi !

JEANNE. Maintenant, enlevons les murs de la maison et traçons des arcs uniquement entre les membres qui se voient. Le dessin auquel nous arrivons est appelé graphe de visibilité du polygone K.

RALPH. Il y a trois choses à observer.

JEANNE. Il existe donc trois paramètres avec lesquels nous jonglerons au cours des trois prochaines années : les applications théoriques des polygones…

RALPH. C'est toi le plus fort !

JEANNE. Les graphes de visibilité des polygones…

RALPH. Aucune pitié pour le type en face de toi !

JEANNE. Enfin, les polygones et leur nature.

RALPH. Si tu gagnes tu deviens professionnel !

JEANNE. Le problème est le suivant : pour tout polygone simple, je peux facilement – comme nous l'avons démontré – tracer son graphe de visibilité et son application théorique. Maintenant, comment puis-je, en partant d'une application théorique, celle-ci par exemple, tracer le graphe de visibilité et ainsi trouver la forme du polygone concordant ? Quelle est la forme de la maison où vivent les membres de cette famille représentée par cette application ? Essayez de dessiner le polygone.

Gong. Simon attaque aussitôt et boxe dans les mains de son entraîneur.

RALPH. T'es pas là, t'es pas concentré !

SIMON. Ma mère est morte !

RALPH. Justement ! La meilleure façon de t'en sortir c'est de gagner ton prochain combat ! Alors lève-toi ! Et frappe ! Tu n'y arriveras pas sinon !

JEANNE. Vous n'y arriverez pas. Toute la théorie des graphes repose essentiellement sur ce problème pour l'instant impossible à résoudre. Or, c'est cette impossibilité qui est belle.

Gong de fin d'entraînement.

4. La conjecture à résoudre

Soir. Bureau du notaire.
Hermile Lebel et la jumelle.

HERMILE LEBEL. C'est sûr, c'est sûr, c'est sûr, il y a des fois, comme ça, dans la vie, où il faut agir. Plonger. Je suis content que vous soyez revenue. Content pour votre mère.

JEANNE. Vous avez l'enveloppe?

HERMILE LEBEL. La voici. Cette enveloppe n'est pas pour vous, mais pour votre père. Votre mère souhaite que vous le retrouviez, et que vous la lui remettiez.

Jeanne s'apprête à sortir du bureau.

HERMILE LEBEL. Elle vous léguait aussi cette veste en toile verte avec le numéro 72 à l'endos.

Jeanne prend la veste.

Vous croyez que votre père est vivant?

Jeanne sort. Pause. Jeanne revient.

JEANNE. En mathématiques, 1 + 1 ne font pas 1,9 ou 2,2. Ils font 2. Que vous y croyiez ou pas, ils font 2. Que vous soyez de bonne humeur ou très malheureux, 1 et 1 font 2. Nous appartenons tous à un polygone, monsieur Lebel. Je croyais connaître ma place à l'intérieur du polygone auquel j'appartiens. Je croyais être ce point qui ne voit que son frère Simon et sa mère Nawal. Aujourd'hui, j'apprends qu'il est possible que du point de vue que j'occupe, je puisse voir aussi mon père ; j'apprends aussi qu'il existe un autre membre à ce polygone, un autre frère. Le graphe de visibilité que j'ai toujours tracé est faux. Quelle est ma place dans le polygone ? Pour trouver, il me faut résoudre une conjecture. Mon père est mort. Ça, c'est la conjecture. Tout porte à croire qu'elle est vraie. Mais rien ne la prouve. Je n'ai pas vu son cadavre, pas vu sa tombe. Il se peut, donc, entre 1 et l'infini, que mon père soit vivant. Au revoir, monsieur Lebel.

Jeanne sort. Nawal (14 ans) est dans le bureau.

Hermile Lebel sort de son bureau et appelle du couloir.

HERMILE LEBEL. Jeanne !

NAWAL *(appelant)*. Wahab !

HERMILE LEBEL. Jeanne ! Jeanne !!

Hermile Lebel revient, sort son téléphone portable et compose un numéro.

NAWAL *(appelant)*. Wahab !!

WAHAB *(au loin)*. Nawal !

NAWAL *(appelant)*. Wahab !

WAHAB *(au loin)*. Nawal !

HERMILE LEBEL. Allô, Jeanne ? / C'est maître Lebel / Il y a une chose à laquelle je viens de penser.

NAWAL *(appelant)*. Wahab ! !

WAHAB *(au loin)*. Nawal !

HERMILE LEBEL. Votre mère a connu votre père lorsqu'elle était très jeune.

NAWAL *(appelant)*. Wahab !

HERMILE LEBEL. Je vous le dis, je ne sais pas si vous le saviez.

WAHAB *(au loin)*. Nawal !

5. Ce qui est là

Aube. Forêt. Rocher. Arbres blancs. Nawal (14 ans). Wahab.

NAWAL. Wahab ! Écoute-moi. Ne dis rien. Non. Ne parle pas. Si tu me dis un mot, un seul, tu pourrais me tuer. Tu ne sais pas encore, tu ne sais pas le bonheur qui va être notre malheur. Wahab, j'ai l'impression qu'à partir du moment où je vais laisser échapper les mots qui vont sortir de ma bouche, tu vas mourir toi aussi. Je vais me taire, Wahab, promets-moi alors de ne rien dire, s'il te plaît, je suis fatiguée, s'il te plaît, laisse le silence. Je vais me taire. Ne dis rien. Ne dis rien.

Elle se tait.

Je t'ai appelé toute la nuit. J'ai couru toute la nuit. Je savais que j'allais te trouver au rocher aux arbres blancs. Je voulais le hurler pour que tout le village l'entende, pour que les arbres l'entendent, que la nuit l'entende, pour que la lune et les étoiles l'entendent. Mais je ne pouvais pas. Je dois te le dire à l'oreille, Wahab, après, je ne pourrai plus te demander de rester dans mes bras même si c'est ce que je veux le plus au monde, même si j'ai la conviction que je serai à jamais incomplète si tu demeures à l'extérieur de moi, même si, à peine sortie de l'enfance, je t'avais trouvé, toi, et qu'avec toi je tombais enfin dans les bras de ma vraie vie, je ne pourrai plus rien te demander.

Il l'embrasse.

J'ai un enfant dans mon ventre, Wahab! Mon ventre est plein de toi. C'est un vertige, n'est-ce pas? C'est magnifique et horrible, n'est-ce pas? C'est un gouffre et c'est comme la liberté aux oiseaux sauvages, n'est-ce pas? Et il n'y a plus de mots! Que le vent! Quand j'ai entendu la vieille Elhame me le dire, un océan a éclaté dans ma tête. Une brûlure.

WAHAB. Elhame se trompe peut-être.

NAWAL. Elhame ne se trompe pas. Je lui ai demandé : «Elhame, tu es sûre?» Elle a rigolé. Elle m'a caressé le visage. Elle m'a dit qu'elle a fait naître tous les enfants du village depuis quarante ans. Elle m'a sortie du ventre de ma mère et elle a sorti ma mère du ventre de sa mère. Elhame ne se trompe pas. Elle m'a promis qu'elle ne dira rien à personne. «Ce ne sont pas mes affaires, elle a dit, mais dans deux semaines au plus tard, tu ne pourras plus le cacher.»

WAHAB. On ne le cachera pas.

NAWAL. On nous tuera. Toi le premier.

WAHAB. On leur expliquera.

NAWAL. Tu crois qu'ils nous écouteront?

WAHAB. De quoi tu as peur, Nawal?

NAWAL. Tu n'as pas peur, toi? *(Temps)*

Pose ta main. Qu'est-ce que c'est? Je ne sais pas si c'est la colère, je ne sais pas si c'est la peur, je ne sais pas si c'est le bonheur. Où serons-nous, toi et moi, dans cinquante ans?

WAHAB. Nawal, écoute-moi. Cette nuit est un cadeau. Je n'ai peut-être pas de tête pour dire ça, mais j'ai un cœur, et il est solide. Il est patient. Ils crieront, nous les laisserons crier. Ils injurieront, nous les laisserons injurier. Peu importe. À la fin, après leurs cris et leurs injures, il restera toi, moi et un enfant de toi et de moi. Ton visage, mon visage dans le même visage. J'ai envie de rire. Ils me frapperont mais moi, toujours, j'aurai un enfant au fond de ma tête.

NAWAL. Maintenant que nous sommes ensemble, ça va mieux.

WAHAB. Nous serons toujours ensemble. Rentre chez toi, Nawal. Attends qu'ils se réveillent. Quand ils te verront, à l'aube, assise à les attendre, ils t'écouteront parce qu'ils sauront que quelque chose d'important est arrivé. Si tu as peur, pense qu'au même moment je serai chez moi, attendant que tous se réveillent. Et je leur dirai. L'aube n'est pas loin. Pense à moi comme je pense à toi, et ne te perds pas dans le brouillard. N'oublie pas : maintenant que nous sommes ensemble, ça va mieux.

Wahab part.

6. Carnage

Maison de Nawal (14 ans).
Mère et fille.

JIHANE. Cet enfant ne te regarde pas, Nawal.

NAWAL. Il est dans mon ventre.

JIHANE. Oublie ton ventre ! Cet enfant ne te regarde pas. Ne regarde pas ta famille, ne regarde pas ta mère, ne regarde pas ta vie.

NAWAL. Je mets ma main là, je vois déjà son visage.

JIHANE. Ce que tu vois ne compte pas ! Cet enfant ne te regarde pas. Il n'existe pas. Il n'est pas là.

NAWAL. Elhame me l'a dit. Elle m'a dit : « Tu portes un enfant. »

JIHANE. Elhame n'est pas ta mère.

NAWAL. Elle me l'a dit.

JIHANE. Peu importe ce qu'a pu te dire Elhame. Cet enfant n'existe pas.

NAWAL. Et quand il sera là ?

JIHANE. Il n'existera pas.

NAWAL. Je ne comprends pas.

JIHANE. Sèche tes larmes !

NAWAL. C'est toi qui pleures !

JIHANE. Ce n'est pas moi qui pleure, c'est toute ta vie qui coule ! Tu reviens de loin, Nawal, tu reviens avec ton ventre souillé, et tu te tiens droite devant moi, pour me dire, là, avec ton corps d'enfant : j'aime et j'ai mon amour entier dans mon ventre. Tu reviens de la forêt et tu dis que c'est moi qui pleure. Crois-moi, Nawal, cet enfant n'existe pas. Tu vas l'oublier.

NAWAL. On n'oublie pas son ventre !

JIHANE. On oublie.

NAWAL. Je ne pourrai pas !

36

JIHANE. Alors tu choisiras. Garde cet enfant et à l'instant, à l'instant, quitte les vêtements que tu portes et qui ne t'appartiennent pas, quitte la maison, quitte ta famille, ton village, tes montagnes, ton ciel et tes étoiles et quitte-moi…

NAWAL. Maman.

JIHANE. Quitte-moi nue, avec ton ventre et la vie qu'il renferme. Ou bien reste et agenouille-toi, Nawal, agenouille-toi.

NAWAL. Maman.

JIHANE. Quitte tes vêtements ou agenouille-toi !

Nawal s'agenouille.

Tu resteras à l'intérieur de la maison comme cette vie est à l'intérieur de toi. Elhame viendra sortir cet enfant de ton ventre. Elle le prendra et le donnera à qui elle voudra.

7. L'enfance

Nawal (15 ans), seule dans une chambre.

NAWAL. Maintenant que nous sommes ensemble, ça va mieux. Maintenant que nous sommes ensemble, ça va mieux. Maintenant que nous sommes ensemble, ça va mieux.

NAZIRA. Patience, Nawal. Il ne te reste plus qu'un mois.

NAWAL. J'aurais dû partir, grand-mère, ne pas m'agenouiller, donner mes habits, donner tout, quitter la maison, le village, tout.

NAZIRA. Tout ceci nous arrive de la misère, Nawal. Pas de beauté autour de nous. Que la colère d'une vie dure et blessante. Les indices de la haine à chaque coin de rue. Personne pour parler doucement aux choses. Tu as raison, Nawal, l'amour que tu avais à vivre, tu l'as vécu et l'enfant que tu vas avoir te sera enlevé. Il ne te reste rien. Lutter contre la misère, peut-être, ou bien tomber dedans.

Nazira n'est plus dans la chambre. On frappe contre la fenêtre.

VOIX DE WAHAB. Nawal! Nawal, c'est moi.

NAWAL. Wahab!

VOIX DE WAHAB. Écoute-moi, Nawal. Je n'ai pas beaucoup de temps. À l'aube on m'emmène loin d'ici et loin de toi. Je reviens du rocher aux arbres blancs. J'ai dit adieu au lieu de mon enfance et mon enfance est pleine de toi, Nawal. Nawal, ce soir, l'enfance est un couteau que l'on vient de me planter dans la gorge. À jamais j'aurai dans la bouche le goût de ton propre sang. Je voulais te le dire. Je voulais te dire que cette nuit, mon cœur est plein d'amour, il va exploser. Partout on me dit que je t'aime trop; moi, je ne sais pas ce que ça veut dire aimer trop, je ne sais pas ce que ça veut dire être loin de toi, je ne sais pas ce que ça veut dire quand tu n'es plus là. Je devrais réapprendre à vivre sans toi. Je comprends maintenant ce que tu as voulu dire quand tu m'as demandé : «Où serons-nous dans cinquante ans?» Je ne sais pas. Mais partout où je serai, tu y seras. Nous rêvions de regarder l'océan ensemble. Eh bien, Nawal, je te le dis, je te le jure, le jour où je le verrai, le mot océan explosera dans ta tête et tu éclateras en sanglots car tu sauras alors que je pense à toi. Peu importe où je serai, nous serons ensemble. Il n'y a rien de plus beau que d'être ensemble.

NAWAL. Je t'entends, Wahab.

VOIX DE WAHAB. Ne sèche pas tes larmes, car je ne sécherai pas les miennes de toute la nuit et lorsque tu mettras cet enfant au monde, dis-lui mon amour pour lui, mon amour pour toi. Dis-lui.

NAWAL. Je lui dirai, je te jure que je lui dirai. Pour toi et pour moi. Je lui soufflerai à l'oreille : «Quoi qu'il arrive, je t'aimerai toujours.» Je retournerai moi aussi au rocher aux arbres blancs, je dirai, moi aussi, au revoir à l'enfance, et l'enfance sera un couteau que je me planterai dans la gorge.

Nawal est seule.

8. Promesse

Nuit. Accouchement de Nawal.
Elhame donne l'enfant à Nawal (15 ans).

ELHAME. C'est un garçon.

NAWAL. Quoi qu'il arrive, je t'aimerai toujours !
Quoi qu'il arrive, je t'aimerai toujours !

Nawal glisse un nez de clown dans les langes de l'enfant.

On reprend l'enfant.

ELHAME. Je vais vers le sud. J'emmènerai l'enfant avec moi.

NAZIRA. Je me sens vieille comme si j'avais mille ans. Voici les jours qui passent et les mois qui partent. Le soleil se lève et se couche. Les saisons qui passent. Nawal qui ne dit plus rien, qui se tait et qui erre. Son ventre est parti et moi, je sens l'appel de la vieille terre. Trop de douleur depuis longtemps m'accompagne. Donnez-moi le lit. Avec la fin de l'hiver, j'entends le pas de la mort dans l'eau courante des ruisseaux.

Nazira est alitée.

9. Lire, écrire, compter, parler

Nazira se meurt.

NAZIRA. Nawal !

Nawal (16 ans) accourt.

Prends-moi la main ! Nawal !

Nawal, il y a des choses que l'on a envie de dire au moment de la mort. Des choses que l'on aimerait dire aux gens que l'on a aimés, qui nous ont aimé… leur dire… pour les aider une dernière fois… les armer pour le bonheur !… Voilà un an, un enfant est sorti de ton ventre et depuis tu marches la tête dans les nuages. Ne tombe pas, Nawal, ne dis pas oui. Dis non. Refuse. Ton amour est parti, ton enfant est parti. Il a eu un an. Il y a quelques jours seulement. N'accepte pas, Nawal, n'accepte jamais. Mais pour pouvoir refuser, il faut savoir parler. Alors arme-toi de courage et travaille bien ! Écoute ce qu'une vieille femme qui va mourir a à te dire : apprends à lire, apprends à écrire, apprends à compter, apprends à parler. Apprends. C'est ta seule chance de ne pas nous ressembler. Promets-le-moi.

NAWAL. Je te le promets.

NAZIRA. Ils m'enterreront dans deux jours. Ils me mettront en terre, le visage tourné vers le ciel, sur mon corps ils lanceront chacun un seau d'eau mais ils ne marqueront rien sur la pierre car aucun d'entre eux ne sait écrire. Toi, Nawal, quand tu sauras, reviens et grave mon nom sur la pierre : « Nazira ». Grave mon nom car j'ai tenu mes promesses. Je m'en vais, Nawal. Pour moi, ça se termine. Nous, notre famille, les femmes de notre famille, sommes engluées dans la colère depuis si longtemps : j'étais en colère contre ma mère et ta mère est en colère contre moi tout comme toi, tu es en colère contre ta mère. Toi aussi tu laisseras à ta fille la colère en héritage. Il faut casser le fil. Alors apprends. Puis va-t'en. Prends ta jeunesse et tout le bonheur possible et quitte le village. Tu es le sexe de la vallée, Nawal. Tu es sa sensualité et son odeur. Prends-les avec toi, et arrache-toi d'ici comme on s'arrache du ventre de sa mère. Apprends à lire, à écrire, à compter, à parler : apprends à penser. Nawal. Apprends.

Nazira meurt.
On la lève du lit.
On la pose dans un trou.
Chacun lance sur son corps un seau d'eau.
C'est la nuit.
Chacun se recueille.
Un téléphone portable se met à sonner.

10. Enterrement de Nawal

Cimetière. Jour.
Hermile Lebel. Jeanne. Simon dans un cime-
tière.
Hermile Lebel décroche.

HERMILE LEBEL. Allô oui, Hermile Lebel, notaire
/ Oui je vous ai appelé ; ça fait deux heures que
j'essaie de vous appeler / Qu'est-ce qu'il y a ?
Justement, y'a rien ! Il était supposé y avoir trois
seaux d'eau devant la fosse, puis y'a rien / Oui
c'est moi qui ai appelé pour les seaux d'eau /
Quoi ça «c'est quoi le problème y en a pas de
problème» y en a un gros de problème / Je vous
dis qu'il devait y avoir trois seaux d'eau puis y en
a pas / On est au cimetière où voulez-vous qu'on
soit torpinouche ! Vous êtes bouché ou quoi ? On
est là pour l'enterrement de Nawal Marwan / Trois
seaux d'eau / Bien sûr que c'était entendu c'était
juste ça : entendu ; je suis même venu moi-même
j'ai averti tout le monde : enterrement particulier on
a juste besoin de trois seaux d'eau ; ça semblait pas
ben ben compliqué j'ai même dit au responsable
du cimetière : «Voulez-vous qu'on apporte nos
seaux d'eau à nous autres nous-mêmes ?» Il m'a
dit : «Pensez-vous, on va vous les préparer, vous
êtes suffisamment éprouvés comme ça !» J'ai dit
que bon ; puis là on est là dans le cimetière puis
y'en a pas de seau d'eau et là on commence à être
de plus en plus éprouvés… Je veux dire ! C'est un

43

enterrement c'est pas une partie de bowling tsé! Puis je veux dire on est pas très compliqués : pas de cercueil, pas de pierre, rien, le strict minimum! Sobre ; on fait ça sobre, on fait juste demander trois malheureux seaux d'eau, puis l'administration du cimetière n'est pas apte à relever le défi. Je veux dire / Ha! vous êtes pas habitués à avoir des demandes de seaux d'eau ? / Mais on vous demande pas d'être habitués, on vous demande trois seaux d'eau ! On vous demande pas d'inventer le moteur à quatre trous / Oui, trois / Non, pas un, trois / Ben ça fait que ça ne se peut pas, il en faut trois / Non on peut pas en prendre un seul puis le remplir trois fois! on veut trois seaux d'eau remplis une seule fois / Oui, je suis sûr / Ben oui, qu'est-ce que vous voulez que je vous dise ? Faites-la votre recherche.

Il raccroche.

Ils vont faire une recherche.

SIMON. Pourquoi vous faites tout ça ?

HERMILE LEBEL. Quoi ça ?

SIMON. Tout ça. L'enterrement, les volontés. Pourquoi vous, vous faites tout ça ?

HERMILE LEBEL. Parce que cette femme qui est au fond du trou, la face contre terre, que toute ma vie j'ai appelée madame Nawal, est mon amie. Mon amie. Je ne sais pas si ça a du sens pour vous, mais moi, je ne savais pas que ça en avait autant pour moi.

Le téléphone portable d'Hermile Lebel sonne.
Il décroche.

Allô oui, Hermile Lebel, notaire / Oui, bon, alors qu'est-ce qui arrive? / Ils avaient été préparés et placés devant une autre fosse / Eh bien, il y a eu erreur / Nawal Marwan / Votre efficacité est redoutable /

Il raccroche.
Chacun se saisit d'un seau. Et le vide dans le trou.
On enterre Nawal et l'on part sans avoir posé de pierre.

11. Silence

Jour. Scène d'un théâtre.
Antoine est là.

JEANNE. Monsieur Antoine Ducharme? Jeanne Marwan, je suis la fille de Nawal Marwan. Je suis passée à l'hôpital, on m'a dit que vous n'êtes plus infirmier depuis la mort de ma mère. Que vous travaillez à présent dans ce théâtre. Je suis venue. Je voulais savoir si elle n'avait rien dit d'autre.

ANTOINE. La voix de votre mère résonne encore à mes oreilles: «Maintenant que nous sommes ensemble, ça va mieux.» Ce sont exactement les mots qu'elle a prononcés. Je vous ai appelée aussitôt.

JEANNE. Je sais.

ANTOINE. Pendant cinq ans ce fut toujours le même silence. Je suis désolé.

JEANNE. Je vous remercie tout de même.

ANTOINE. Que cherchez-vous?

JEANNE. Elle nous a toujours dit que notre père est mort pendant la guerre dans son pays natal. Je cherche une preuve de sa mort.

Pause.

ANTOINE. Je suis content que vous soyez venue, Jeanne. Depuis qu'elle est morte, j'hésitais, je voulais vous appeler, vous et votre frère. Pour vous dire, vous expliquer. Mais j'hésitais. Aujourd'hui vous êtes là, dans ce théâtre, c'est bien. Alors je vais vous le dire. Au cours de toutes ces années passées à son chevet, je devenais étourdi à force d'entendre le silence de votre mère. Une nuit, je me suis réveillé avec une drôle d'idée. Peut-être qu'elle parle quand je ne suis pas là? Peut-être qu'elle parle toute seule? J'ai apporté un enregistreur à cassettes. J'ai hésité. Je n'avais pas le droit. Si elle parle seule, c'est son choix. Alors je me suis promis de ne jamais écouter. Enregistrer sans jamais savoir. Enregistrer.

JEANNE. Enregistrer quoi ?

ANTOINE. Du silence, son silence. Le soir, avant de la quitter, je démarrais l'enregistrement. Un côté d'une cassette faisait une heure. Je n'ai pas trouvé mieux. Le lendemain, je retournais la cassette, et avant de la quitter, je partais à nouveau l'enregistrement. J'ai enregistré plus de cinq cents heures. Toutes les cassettes sont là. Prenez-les. C'est tout ce que je peux faire.

Jeanne prend la boîte.

JEANNE. Antoine, qu'avez-vous fait avec elle pendant tout ce temps ?

ANTOINE. Rien. Je m'asseyais souvent à ses côtés. Je lui parlais. Quelquefois aussi je mettais de la musique. Je la faisais danser.

Antoine met une cassette dans l'enregistreur. Une musique. Jeanne part.

INCENDIE DE L'ENFANCE

12. Le nom sur la pierre

Nawal (19 ans) devant la tombe de sa grand-mère.
Elle grave le nom de Nazira en arabe.

NAWAL. *Noûn, aleph, zaïn, yé, rra! Nazira.*
Ton nom éclaire ta tombe. Je suis entrée dans le
village en passant par la route du bas. Ma mère
était là, au milieu du chemin. Elle m'attendait, je
crois. Elle devait se douter. À cause de la date.
On s'est regardées comme deux étrangères. L'un
après l'autre, les villageois sont arrivés. J'ai
dit : « Je suis revenue pour graver le nom de ma
grand-mère sur sa tombe. » Ils ont ri : « Tu sais
écrire, maintenant ? » J'ai dit oui. Ils ont ri. Un
homme m'a craché dessus. « Tu sais écrire mais
tu ne sais pas te défendre. » J'ai pris le livre que
j'avais dans la poche. J'ai frappé si fort que la
couverture s'est pliée, il est tombé assommé. J'ai
continué ma route. Ma mère m'a regardée jusqu'à
ce que j'arrive à la fontaine et que je tourne pour
monter jusqu'au cimetière et venir sur ta tombe.
Ton nom est gravé, je m'en vais. Je vais retrouver

mon fils. J'ai rempli ma promesse envers toi, je remplirai ma promesse envers lui, tenue au jour de sa naissance. Quoi qu'il arrive, je t'aimerai toujours. Merci, grand-mère.

Nawal part.

13. Sawda

Nawal (19 ans) sur un chemin plombé par le soleil.
Sawda est là.

SAWDA. Je t'ai vue ! De loin, je t'ai observée quand tu as gravé le nom de ta grand-mère sur sa pierre. Puis tu t'es levée d'un coup et tu t'es enfuie en courant. Pourquoi ?

NAWAL. Et toi, pourquoi tu m'as suivie ?

SAWDA. Je voulais te voir écrire. Voir si ça existait vraiment. Ici, la rumeur est partie très vite ce matin. Après trois ans, tu revenais. Dans le camp, on disait : « Nawal est revenue, elle sait écrire, elle sait lire. » Tout le monde riait. J'ai couru pour t'attendre à l'entrée du village mais tu étais déjà là. Je t'ai vue frapper l'homme avec le livre, et j'ai regardé le livre trembler au bout de ta main et j'ai pensé à tous les mots, à toutes les lettres, chauffés à blanc par la colère qui habitait ton visage. Tu es partie, je t'ai suivie.

NAWAL. Qu'est-ce que tu veux ?

SAWDA. Apprends-moi à lire, à écrire.

NAWAL. Je ne sais pas.

SAWDA. Si, tu sais ! Ne mens pas ! Je t'ai vue.

NAWAL. Je m'en vais. Je quitte le village. Alors je ne peux pas t'apprendre.

SAWDA. Je te suivrai. Je sais où tu vas.

NAWAL. Comment le saurais-tu ?

SAWDA. Je connaissais Wahab. On est du même camp. On venait du même village. C'est un réfugié du Sud, comme moi. La nuit où on l'a emmené, il hurlait ton nom.

NAWAL. Tu veux retrouver Wahab ?

SAWDA. Ne te moque pas de moi. Je sais où tu vas, je te dis. Ce n'est pas Wahab que tu veux retrouver. C'est ton enfant. Ton fils. Tu vois, je ne me trompe pas. Emmène-moi avec toi et apprends-moi à lire. En échange, je t'aiderai. Je sais voyager et à deux on sera plus fortes. Deux femmes côte à côte. Emporte-moi. Si tu es triste, je chanterai, si tu es faible, je t'aiderai, je te porterai. Ici, il n'y a rien. Je me lève le matin, on me dit : «Sawda, voici le ciel», mais on ne me dit rien sur le ciel. On me dit : «Voici le vent», mais on ne me dit rien sur le vent. On m'indique le monde et le monde est muet. Et la vie passe et tout est opaque.

J'ai vu les lettres que tu as gravées et j'ai pensé : voici un prénom. Comme si la pierre était devenue transparente. Un mot et tout s'éclaire.

NAWAL. Et tes parents ?

SAWDA. Mes parents ne me disent rien. Ils ne me racontent rien. Je leur demande : « Pourquoi a-t-on quitté le Sud ? » Ils me disent : « Oublie. À quoi bon. N'y pense plus. Il n'y a pas de Sud. Pas d'importance. On est en vie et on mange chaque jour. Voilà ce qui compte. » Ils disent : « Ici, la guerre ne nous rattrapera pas. » Je réponds : « Elle nous rattrapera. La terre est blessée par un loup rouge qui la dévore. » Mes parents ne racontent rien. Je leur dis : « Je me souviens, on a fui au milieu de la nuit, des hommes nous ont chassés de notre maison. Ils l'ont détruite. » Ils me disent : « Oublie. » Je dis : « Pourquoi mon père était à genoux à pleurer devant la maison brûlée ? Qui l'a brûlée ? » On me répond : « Tout cela n'est pas vrai. Tu as rêvé, Sawda, tu as rêvé. » Alors je ne veux plus rester ici. Wahab criait ton nom et c'était comme un miracle au milieu de la nuit. Moi, si on m'enlevait, aucun prénom ne viendrait à ma gorge. Aucun. Comment aimer ici ? Pas d'amour, pas d'amour et comme on me dit « oublie, Sawda, oublie », alors j'oublierai. J'oublierai le village, les montagnes et le camp et le visage de ma mère et les yeux ravagés de mon père.

NAWAL. On n'oublie pas, Sawda, je te jure. Viens quand même.

Elles partent.

14. Frère et sœur

Simon face à Jeanne.

SIMON. L'université te cherche. Tes collègues te cherchent. Tes élèves te cherchent. On m'appelle, tout le monde m'appelle : « Jeanne ne vient plus à l'université. On ne sait plus où est Jeanne. Les étudiants ne savent plus quoi faire. » Je te cherche. Je t'appelle. Tu ne réponds pas.

JEANNE. Qu'est-ce que tu veux, Simon ? Pourquoi tu viens chez moi ?

SIMON. Parce que tout le monde te croit morte !

JEANNE. Je vais bien. Tu peux partir.

SIMON. Non, tu ne vas pas bien et je ne partirai pas.

JEANNE. Ne crie pas.

SIMON. Tu es en train de faire comme elle.

JEANNE. Ce que je fais ne concerne que moi, Simon.

SIMON. Non ! ça me concerne aussi. Tu n'as plus que moi et je n'ai plus que toi. Et tu fais comme elle fait.

JEANNE. Je ne fais rien.

SIMON. Tu te tais. Tu ne dis plus rien. Comme elle. Elle rentre un jour et elle s'enferme dans sa chambre. Elle reste assise. Un jour. Deux jours. Trois jours. Ne mange pas. Ne boit pas. Disparaît. Une fois. Deux fois. Trois fois. Quatre fois. Revient. Se tait. Vend ses meubles. T'as plus de meubles. Son téléphone sonnait, elle ne répondait pas. Ton téléphone sonne, tu ne réponds pas. Elle s'enfermait. Tu t'enfermes. Tu te tais.

JEANNE. Simon. Viens t'asseoir à côté de moi. Écoute. Écoute un peu.

Jeanne donne l'un des écouteurs de son casque à Simon qui le plaque contre son oreille. Jeanne plaque l'autre écouteur contre la sienne. Tous deux écoutent le silence.

JEANNE. On l'entend respirer.

SIMON. Tu écoutes du silence !…

JEANNE. C'est son silence.

Nawal (19 ans) apprend à Sawda l'alphabet arabe.

NAWAL. Aleph, bé, tâ, szâ, jîm, hâ, khâ…

SAWDA. Aleph, bé, tâ, szâ, jîm, hâ, khâ…

NAWAL. Dâl, dââl, rrâ, zâ, sîn, shîn, sâd, dââd…

SIMON. Tu es en train de devenir folle, Jeanne.

JEANNE. Qu'est-ce que tu sais de moi ? D'elle ? Rien. Tu ne sais rien. Comment on fait pour vivre maintenant ?

SIMON. Tu jettes les cassettes. Tu retournes à l'université. Tu continues à donner tes cours et tu termines ton doctorat.

JEANNE. Je m'en câlisse de mon doctorat !

SIMON. Tu te câlisses de tout !

JEANNE. Ça sert à rien de t'expliquer, tu comprendrais pas. 1 et 1 font 2, même ça tu le comprends pas !

SIMON. C'est vrai qu'il faut te parler en chiffres, toi ! Si ton prof de maths te disait que t'es en train de devenir folle, tu l'écouterais. Mais ton frère, non. Il est trop épais, trop con !

JEANNE. J'ai dit que je me foutais de mon doctorat ! Il y a quelque chose dans le silence de ma mère que je veux comprendre, que MOI, je veux comprendre !

SIMON. Et MOI, je te dis qu'il n'y a rien à comprendre !

JEANNE. Tu me fais chier !

SIMON. Toi tu me fais chier !

JEANNE. Va-t'en, Simon! On se doit rien! Je suis ta sœur, pas ta mère, t'es mon frère, pas mon père!

SIMON. C'est pareil!

JEANNE. Non! Pas pareil!

SIMON. Si, pareil!

JEANNE. Laisse-moi, Simon.

SIMON. Le notaire nous attend dans trois jours pour signer tous les papiers. Tu vas venir?... Tu vas venir, Jeanne... Jeanne... Réponds-moi, tu vas venir?

JEANNE. Oui. Va-t'en maintenant.

Simon s'en va.
Nawal et Sawda marchent côte à côte.

SAWDA. Aleph, bé, tâ, szâ, jîm, hâ, khâ, dâl, dââl, rrâ, zâ, sîn, shîn, sâd... tââ... non...

NAWAL. Recommence...

JEANNE. Pourquoi tu n'as rien dit? Dis quelque chose, parle-moi. Tu es seule. Antoine n'est pas avec toi. Tu sais qu'il t'enregistre. Tu sais qu'il n'écoutera rien. Tu sais qu'il nous donnera les cassettes. Tu sais. Tu as tout compris. Alors parle! Pourquoi tu ne me dis rien? Pourquoi tu ne me dis rien?

Jeanne lance son walkman.

15. Alphabet

Nawal (19 ans) et Sawda sur une route de chaleur.

SAWDA. Aleph, bé, tâ, szâ, jîm, hâ, khâ, dâl, dââl, rrâ, zâ, sîn, shîn, sâd, dââd, tââ, zââ, ainn, rainn, fâ, kââf, kâf, lâm, mime, noûn, hah, lamaleph, wâw, ya.

NAWAL. Ça, c'est l'alphabet. Il y a vingt-neuf sons. Vingt-neuf lettres. Ce sont tes munitions. Tes cartouches. Tu dois toujours les connaître. Comment tu les mets les unes avec les autres, ça donne les mots.

SAWDA. Regarde. Nous arrivons au premier village du Sud. C'est le village de Nabatiyé. Ici, il y a un premier orphelinat. Allons voir.

Elles croisent Jeanne.
Jeanne écoute le silence.

16. Par où commencer

Jeanne arrive sur la scène du théâtre.
Musique tonitruante.

JEANNE (*appelant*). Antoine… Antoine… Antoine !

Antoine arrive. La musique est trop forte pour qu'ils puissent se parler. Antoine lui fait signe de patienter. La musique s'arrête.

ANTOINE. C'est le sonorisateur du théâtre. Il fait des tests de son.

JEANNE. Antoine, aidez-moi.

ANTOINE. Que voulez-vous que je fasse ?

JEANNE. Je ne sais pas par où commencer.

ANTOINE. Il faut commencer par le début.

JEANNE. Il n'y a aucune logique.

ANTOINE. Quand votre mère a-t-elle cessé de parler ?

JEANNE. À l'été 97. Au mois d'août. Le 20. Le jour de notre anniversaire. Elle rentre à la maison et elle se tait. Point.

ANTOINE. Qu'est-ce qui s'est passé cette journée-là ?

JEANNE. À l'époque, elle suivait une série de procès au Tribunal pénal international.

ANTOINE. Pourquoi ?

JEANNE. Ça concernait la guerre qui a ravagé le pays de sa naissance.

ANTOINE. Mais cette journée-là ?

JEANNE. Rien. Rien. J'ai lu et relu cent fois le procès-verbal pour essayer de comprendre.

ANTOINE. Vous n'avez rien trouvé d'autre ?

JEANNE. Rien. Une petite photo. Elle me l'avait déjà montrée. Elle, à 40 ans, avec une de ses amies. Regardez.

Elle lui montre la photo.
Antoine examine la photo.
Nawal (19 ans) et Sawda dans l'orphelinat désert.

SAWDA. Nawal. Il n'y a personne. L'orphelinat est désert.

NAWAL. Que s'est-il passé ?

SAWDA. Je ne sais pas.

NAWAL. Et les enfants, où sont-ils ?

SAWDA. Il n'y a plus d'enfants. Allons voir à Kfar Rayat. C'est là que se trouve l'orphelinat le plus important.

Antoine garde la photo.

ANTOINE. Prêtez-moi cette photo. Je la ferai agrandir. Je la regarderai pour vous. J'ai l'habitude de faire attention aux petits détails. Il faut commencer par là. Votre mère me manque. Je la revois. Assise. Silencieuse. Pas un regard fou. Pas un regard perdu. Lucide et tranchant.

JEANNE. Qu'est-ce que tu regardes, maman, qu'est-ce que tu regardes ?

17. Orphelinat de Kfar Rayat

Nawal (19 ans) et Sawda dans l'orphelinat de Kfar Rayat.

NAWAL. À l'orphelinat de Nabatiyé il n'y avait personne. On est venues ici. À Kfar Rayat.

LE MÉDECIN. Vous n'auriez pas dû. Ici non plus il n'y a plus d'enfants.

NAWAL. Pourquoi?

LE MÉDECIN. C'est la guerre.

SAWDA. Quelle guerre?

LE MÉDECIN. Qui sait? Personne ne comprend. Les frères tirent sur leurs frères et les pères sur leurs pères. Une guerre. Mais quelle guerre? Un jour 500 000 réfugiés sont arrivés de l'autre côté de la frontière. Ils ont dit: «On nous a chassés de nos terres, laissez-nous vivre à vos côtés.» Des gens d'ici ont dit oui, des gens d'ici ont dit non, des gens d'ici ont fui. Des millions de destins. Et on ne sait plus qui tire sur qui ni pourquoi. C'est la guerre.

NAWAL. Et les enfants qui étaient ici, où sont-ils?

LE MÉDECIN. Tout s'est passé très vite. Les réfugiés sont arrivés. Ils ont pris tout le monde. Même les nouveau-nés. Tout le monde. Ils étaient en colère.

SAWDA. Pourquoi ?

LE MÉDECIN. Pour se venger. Il y a deux jours, les miliciens ont pendu trois adolescents réfugiés qui se sont aventurés en dehors des camps. Pourquoi les miliciens ont-ils pendu les trois adolescents ? Parce que deux réfugiés du camp avaient violé et tué une fille du village de Kfar Samira. Pourquoi ces deux types ont-ils violé cette fille ? Parce que les miliciens avaient lapidé une famille de réfugiés. Pourquoi les miliciens l'ont-ils lapidée ? Parce que les réfugiés avaient brûlé une maison près de la colline du thym. Pourquoi les réfugiés ont-ils brûlé la maison ? Pour se venger des miliciens qui avaient détruit un puits d'eau foré par eux. Pourquoi les miliciens ont détruit le puits ? Parce que des réfugiés avaient brûlé une récolte du côté du fleuve au chien. Pourquoi ont-ils brûlé la récolte ? Il y a certainement une raison, ma mémoire s'arrête là, je ne peux pas monter plus haut, mais l'histoire peut se poursuivre encore longtemps, de fil en aiguille, de colère en colère, de peine en tristesse, de viol en meurtre, jusqu'au début du monde.

NAWAL. Ils sont partis où ?

LE MÉDECIN. Vers le sud. Dans les camps. Maintenant tout le monde a peur. On attend les représailles.

NAWAL. Vous connaissiez les enfants ?

LE MÉDECIN. Je suis le médecin qui les soignait.

NAWAL. Je veux retrouver un enfant.

LE MÉDECIN. Vous ne le retrouverez plus.

NAWAL. Je le trouverai. Un enfant de quatre ans. Il est arrivé ici quelques jours après sa naissance. C'est la vieille Elhame qui l'a sorti de mon ventre et l'a emporté.

LE MÉDECIN. Et vous, pourquoi l'avez-vous donné ?

NAWAL. On me l'a pris ! Je ne l'ai pas donné. On me l'a pris ! Est-ce qu'il était ici ?

LE MÉDECIN. Elhame apportait beaucoup d'enfants à Kfar Rayat.

NAWAL. Oui, mais elle n'en a pas apporté beaucoup vers le printemps d'il y a quatre ans. Un nouveau-né. Un garçon. Venu du Nord. Vous avez un registre ?

LE MÉDECIN. Plus de registre.

NAWAL. Une femme de ménage, une cantinière, quelqu'un qui se souvient. Se souvient d'avoir trouvé l'enfant beau. De l'avoir pris des mains d'Elhame.

LE MÉDECIN. Je suis médecin, pas administrateur. Je fais le tour de tous les orphelinats. Je ne peux pas tout savoir. Allez voir dans les camps. Au sud.

NAWAL. Et les enfants, où dormaient-ils ?

LE MÉDECIN. Dans cette salle.

NAWAL. Où es-tu ? Où es-tu ?

JEANNE. Qu'est-ce que tu regardes, maman ?

NAWAL. Maintenant que nous sommes ensemble, ça va mieux.

JEANNE. Qu'est-ce que tu as voulu dire par là ?

NAWAL. Maintenant que nous sommes ensemble, ça va mieux.

JEANNE. Maintenant que nous sommes ensemble, ça va mieux.

Nuit. Hôpital. Antoine arrive en courant.

ANTOINE. Quoi ? Quoi ?? Nawal ! Nawal !

SAWDA. Nawal !

ANTOINE. Qu'est-ce que vous avez dit ? Nawal !

Antoine ramasse un enregistreur aux pieds de Nawal (64 ans).

NAWAL. Si je pouvais reculer le temps, il serait dans mes bras…

SAWDA. Où vas-tu ?

ANTOINE. Mademoiselle Jeanne Marwan ?

NAWAL. Au sud.

ANTOINE. Antoine Ducharme, infirmier de votre mère.

SAWDA. Attends ! Attends ! Nawal, attends !

ANTOINE. Elle a parlé, votre mère a parlé.

Nawal sort.

18. Photographie et autobus du Sud

Antoine et Jeanne à l'université. Photo de Nawal (40 ans) et Sawda projetée au mur.

ANTOINE. On est au pays de votre mère. C'est l'été, on le voit aux fleurs qu'il y a derrière elles. Ce sont des herbes sauvages qui poussent en juin et juillet. Les arbres sont des pins parasols. Il y en a partout dans la région. Sur l'autobus dans le fond, brûlé, là, il y a des inscriptions. J'ai demandé à l'épicier au coin de ma rue qui vient du pays, il a lu : *Réfugiés de Kfar Rayat.*

JEANNE. J'ai cherché dans l'historique du procès. Un des plus longs chapitres concerne une prison construite pendant la guerre, à Kfar Rayat.

ANTOINE. Maintenant regardez. Vous voyez, au-dessus de sa main…

JEANNE. Qu'est-ce que c'est ?

ANTOINE. La crosse d'un pistolet. Son amie aussi, là, on le devine sous sa chemise.

JEANNE. Qu'est-ce qu'elles faisaient avec des pistolets ?

ANTOINE. La photo ne le dit pas. Peut-être qu'elles travaillaient comme gardiennes de prison. La prison date de quand ?

JEANNE. 1978. D'après le procès.

ANTOINE. Bon. On sait que votre mère était, vers la fin des années 70, dans les environs du village de Kfar Rayat où une prison a été construite. Elle avait une amie dont on ignore le nom et toutes deux portaient un pistolet.

Silence.

Ça va ? Ça va, Jeanne ?

JEANNE. Non, ça ne va pas.

ANTOINE. De quoi avez-vous peur, Jeanne ?

JEANNE. De trouver.

ANTOINE. Qu'est-ce que vous allez faire maintenant ?

JEANNE. Acheter un billet d'avion.

Nawal (19 ans) attend l'autobus. Sawda est à ses côtés.

SAWDA. Je pars avec toi.

NAWAL. Non.

SAWDA. Je ne te laisserai pas !

NAWAL. Tu es sûre qu'il y a un autobus qui passe sur cette route ?

SAWDA. Il passe sur ce chemin. Il est utilisé par les réfugiés qui reviennent vers les camps. La poussière que tu vois là-bas, c'est sûrement lui. Nawal, le médecin a dit qu'il valait mieux attendre. Il dit qu'il va sûrement y avoir des représailles dans les camps à cause des enfants enlevés.

NAWAL. Alors il faut que j'y sois !

SAWDA. Un jour de plus ou de moins, Nawal !

NAWAL. Un jour de plus où je l'aurai dans mes bras. Sawda, je regarde le soleil et je me dis qu'il regarde le même soleil. Un oiseau passe dans le ciel, il regarde peut-être le même oiseau. Un nuage au loin, je me dis qu'il est au-dessus de lui, qu'il court pour se protéger de la pluie. À chaque instant je pense à lui et chaque instant est comme une promesse de mon amour pour lui. Aujourd'hui il a eu quatre ans. Il sait marcher, il sait parler et il doit avoir peur dans le noir.

SAWDA. Et si tu meurs, à quoi ça servira ?

NAWAL. Si je meurs, c'est qu'il était déjà mort.

SAWDA. Nawal… N'y va pas aujourd'hui !

NAWAL. Ne me dis pas ce que je dois faire.

SAWDA. Tu m'as promis de m'apprendre.

NAWAL. Je ne t'ai rien promis. Nos chemins s'arrêtent là, Sawda.

L'autobus arrive. Nawal monte. L'autobus part. Sawda reste sur le chemin.

19. Les pelouses de banlieue

Chez Hermile Lebel.
Dans son jardin.
Hermile. Jeanne. Simon.
Circulation et marteaux-piqueurs à proximité.

HERMILE LEBEL. C'est pas tous les jours dimanche, c'est sûr, mais de temps en temps ça fait du bien. J'arrive au bureau, le propriétaire est là. Je me suis tout de suite douté qu'il y avait endive sous roche. Il me dit : « Monsieur Lebel, vous pouvez pas rentrer, on refait vos planchers à neuf, on enlève la moquette. » Je lui dis : « Vous auriez pu me prévenir, j'ai du travail, j'attends des clients. » Il me dit : « De toute façon vous êtes toujours occupé, que ce soit aujourd'hui ou demain, vous auriez rouspété. » « Je rouspète pas, j'aurais voulu rien que le savoir, je lui dis, surtout que je suis dans une période de rush. » Alors là il me regarde, et il me dit, à moi : « C'est parce que vous êtes pas organisé. » Hey ! Pas organisé. Moi. « C'est vous qui êtes pas organisé, vous arrivez là, comme des chevaux sur la soupe, pour me dire : je vous fais vos planchers ! » «En tout cas ! » il répond. Alors je lui ai dit, moi aussi : «En tout cas ! » Et je suis parti. Une chance que j'ai réussi à vous rejoindre.

Sortez, sortez, sortez, restez pas dans la maison, enfin, c'est la canicule. Venez dans le jardin. Avec cette chaleur, la pelouse jaunit vite. Je vais faire partir les *sprinklers*. Ça va nous rafraîchir.

Hermile ouvre le robinet pour arroser sa pelouse. Jeanne et Simon rejoignent Hermile. Bruit de marteaux-piqueurs.

HERMILE LEBEL. Ils refont la chaussée. Ça va être comme ça jusqu'à l'hiver. Sortez, sortez, sortez. En tout cas, je suis content de vous accueillir chez moi. C'est la maison de mes parents. Avant, il y avait des champs à perte de vue. Aujourd'hui il y a le Canadian Tire et la centrale électrique. C'est mieux qu'un puits de mazout, c'est sûr. C'est ce que papa disait juste avant de mourir. La mort, c'est mieux qu'un puits de mazout. Il est mort ici dans sa chambre à coucher juste en haut. Les papiers sont avec moi.

Bruit de marteaux- piqueurs.

HERMILE LEBEL. À cause des travaux, ils ont détourné la ligne d'autobus. Ils ont mis un arrêt juste là, de l'autre côté de la clôture de mon jardin. Tous les autobus qui passent s'arrêtent ici et chaque fois qu'un autobus s'arrête, je pense à votre mère. J'ai commandé une pizza. On mangera ensemble. Ça vient avec le spécial : liqueurs, frites et barre de chocolat. J'ai pris *all dressed* sans pepperoni parce que ça se digère mal. C'est une pizzeria indienne, les pizzas sont vraiment bonnes, j'aime pas ça cuisiner, fait que je commande.

SIMON. Bon, O.K., on peut faire ça vite. J'ai un combat ce soir et je suis déjà en retard.

HERMILE LEBEL. Bonne idée. En attendant que la pizza arrive, on pourrait régler les papiers.

JEANNE. Pourquoi vous pensez à notre mère chaque fois qu'un autobus s'arrête ?

HERMILE LEBEL. À cause de sa phobie !

JEANNE. Quelle phobie ?

HERMILE LEBEL. Sa phobie des autobus. Tous les papiers sont là et sont conformes. Vous ne saviez pas ?

JEANNE. Non !

HERMILE LEBEL. Elle n'est jamais montée dans un autobus.

JEANNE. Est-ce qu'elle vous a dit pourquoi ?

HERMILE LEBEL. Oui. Quand elle était jeune, elle a vu un autobus de civils se faire mitrailler devant elle. Une affaire effroyable.

JEANNE. Comment vous savez ça, vous ?!

69

Bruit de marteaux-piqueurs.

HERMILE LEBEL. Elle me l'a dit.

JEANNE. Mais pourquoi, pourquoi elle vous a dit ça à vous ?

HERMILE LEBEL. Mais j'en sais rien ! Parce que je lui ai demandé !

Hermile leur tend les papiers. Jeanne et Simon signent là où il le leur indique.

HERMILE LEBEL. Alors les papiers règlent la succession. Sauf en ce qui touche ses dernières volontés. Du moins pour vous, Simon.

SIMON. Pourquoi pour moi ?

HERMILE LEBEL. Parce que vous n'avez toujours pas pris l'enveloppe destinée à votre frère.

Simon regarde Jeanne.

JEANNE. Ben oui, j'ai pris l'enveloppe.

SIMON. Je ne comprends pas…

Bruit de marteaux-piqueurs.

JEANNE. Qu'est-ce que tu ne comprends pas ?

SIMON. Je ne comprends pas à quoi tu joues !

JEANNE. À rien.

SIMON. Pourquoi tu ne m'as rien dit ?

70

JEANNE. Simon, ça me demande déjà assez de courage comme ça !

SIMON. Tu vas faire quoi, Jeanne ? Tu vas courir partout en criant : « Papa, papa, tu es où ? Je suis ta fille ? » C'est pas un problème mathématique, crisse ! Tu n'arriveras pas à une réponse ! Y'a pas de réponse ! Y'a plus rien…

JEANNE. Je ne veux pas discuter avec toi, Simon !

SIMON. … Pas de père, pas de frère, juste toi et moi.

JEANNE. Qu'est-ce qu'elle vous a dit exactement au sujet de l'autobus ?

SIMON. Tu vas faire quoi ? Fuck ! Tu vas aller le trouver où ?

JEANNE. Qu'est-ce qu'elle vous a dit ?

SAWDA *(hurlant)*. Nawal !

SIMON. Laisse tomber l'autobus et réponds-moi ! Tu vas le trouver où ?

Bruit de marteaux-piqueurs.

JEANNE. Qu'est-ce qu'elle vous a raconté ?

SAWDA. Nawal !

HERMILE LEBEL. Elle m'a raconté qu'elle venait d'arriver dans une ville…

SAWDA (*à Jeanne*). Vous n'avez pas vu une jeune fille qui s'appelle Nawal?

HERMILE LEBEL. Un autobus est passé devant elle…

SAWDA. Nawal!

HERMILE LEBEL. Bondé de monde!

SAWDA. Nawal!!

HERMILE LEBEL. Des hommes sont arrivés en courant, ils ont bloqué l'autobus, ils l'ont aspergé d'essence et puis d'autres hommes sont arrivés avec des mitraillettes et…

Longue séquence de bruits de marteaux-piqueurs qui couvrent entièrement la voix d'Hermile Lebel. Les arrosoirs crachent du sang et inondent tout. Jeanne s'en va.

NAWAL. Sawda!

SIMON. Jeanne! Jeanne, reviens!

NAWAL. J'étais dans l'autobus, Sawda, j'étais avec eux! Quand ils nous ont arrosés d'essence j'ai hurlé: «Je ne suis pas du camp, je ne suis pas une réfugiée du camp, je suis comme vous, je cherche mon enfant qu'ils m'ont enlevé!» Alors ils m'ont laissée descendre, et après, après, ils ont tiré, et d'un coup, d'un coup vraiment, l'autobus a flambé, il a flambé avec tous ceux qu'il y avait dedans, il a flambé avec les vieux, les enfants, les femmes, tout ! Une femme essayait de sortir par la fenêtre, mais les soldats lui ont tiré dessus, et elle est restée comme ça, à cheval sur le bord de la fenêtre, son enfant dans ses bras au milieu du feu et sa peau a fondu, et la peau de l'enfant a fondu et tout a fondu et tout le monde a brûlé ! Il n'y a plus de temps, Sawda. Il n'y a plus de temps. Le temps est une poule à qui on a tranché la tête, le temps court comme un fou, à droite à gauche, et de son cou décapité, le sang nous inonde et nous noie.

SIMON *(au téléphone).* Jeanne ! Jeanne, je n'ai plus que toi. Jeanne, tu n'as plus que moi. On n'a pas le choix que d'oublier ! Rappelle-moi, Jeanne, rappelle-moi !

20. Le cœur même du polygone

Simon s'habille pour son combat.
Jeanne, un sac sur le dos. Téléphone à la main.

JEANNE. Simon. C'est Jeanne. Je suis à l'aéroport. Simon, je t'appelle pour te dire que je pars vers le pays. Je vais essayer de retrouver ce père, et si je le trouve, s'il est encore en vie, je vais lui remettre l'enveloppe. Ce n'est pas pour elle, c'est pour moi. C'est pour toi. Pour la suite. Mais pour ça, c'est d'abord elle, c'est maman qu'il faut retrouver, dans sa vie d'avant, dans celle que toutes ces années elle nous a cachée. Je vais raccrocher, Simon. Je vais raccrocher et tomber tête première, tomber loin, très loin de cette géométrie précise qui structurait ma vie. J'ai appris à écrire et à compter, à lire et à parler. Tout cela ne sert plus à rien. Le gouffre dans lequel je vais tomber, celui dans lequel je glisse déjà, c'est celui de son silence. Simon, est-ce que tu pleures, est-ce que tu pleures?

Combat de Simon. Simon est mis K.-O.

Où m'entraînes-tu, maman? Où m'entraînes-tu?

NAWAL. Au cœur même du polygone, Jeanne, au cœur même du polygone.

Jeanne pose ses écouteurs sur ses oreilles, introduit une nouvelle cassette et recommence à écouter le silence de sa mère.

INCENDIE DE JANNAANE

21. La guerre de cent ans

Nawal (40 ans) et Sawda. Local détruit. Deux cadavres gisent sur le sol.

SAWDA. Nawal !

NAWAL. Ils ont été aussi chez Abdelhammas. Ils ont tué Zan, Mira, Abiel. Chez Madelwaad, ils ont fouillé partout, ils ne l'ont pas trouvé, alors ils ont égorgé toute sa famille. Sa fille aînée, ils l'ont brûlée vive.

SAWDA. Je reviens de chez Halam. Chez lui aussi ils sont venus. Ils ne l'ont pas trouvé. Ils ont pris sa fille et sa femme. Personne ne sait où.

NAWAL. Ils ont tué tous ceux qui donnent de l'argent au journal, Sawda. Tous ceux qui y travaillent. Ils ont brûlé l'imprimerie. Brûlé le papier, jeté l'encre. Et ici. Tu vois ? Ils ont tué Ekal et Faride. C'est nous qu'ils recherchent, Sawda, ils nous cherchent et si on reste encore une heure ici, ils vont nous trouver et nous tuer. Alors on va aller dans les camps.

SAWDA. On ira chez mes cousins, on sera un peu plus en sécurité.

NAWAL. Sécurité…

SAWDA. Ils ont brûlé aussi les maisons de ceux qui lisent le journal.

NAWAL. Alors ce n'est pas fini. Je te jure. J'ai bien réfléchi. Nous sommes au début de la guerre de cent ans. Au début de la dernière guerre du monde. Je te le dis, Sawda, notre génération est une génération « intéressante », si tu vois ce que je veux dire. Vu de haut, ça doit être très instructif, nous voir nous débattre à essayer de dire ce qui est barbare, ce qui ne l'est pas. Oui. « Intéressante. » Une génération nourrie à la honte, je te jure. Vraiment. À la croisée des chemins. Si cette guerre se termine, alors le temps se terminera aussi. Le monde ne sait pas, mais si on ne trouve pas une solution tout de suite à ces massacres, on ne trouvera jamais.

SAWDA. Mais où est la guerre ? Quelle guerre ?

NAWAL. Tu sais bien. Frère contre frère, sœur contre sœur. Civils en colère.

SAWDA. Et ça va durer combien de temps ?

NAWAL. Je ne sais pas.

SAWDA. Les livres ne le disent pas ?

NAWAL. Les livres, c'est bien, mais les livres sont toujours soit très en retard, soit très en avance. Il y a un effet comique dans tout ça. Ils ont détruit le journal, on en fera un autre. Il s'appelait *La lumière du jour*, on l'appellera *Le chant du levant*. On n'est pas sans ressource. Les mots sont horribles. Il faut rester lucide. Voir clair. Faire comme les anciens : essayer de lire dans le vol des oiseaux les augures du temps. Deviner.

SAWDA. Deviner quoi ? Ekal est mort. Il reste son appareil photo. Des images cassées. Une vie détruite. Qu'est-ce que c'est que ce monde où les objets ont plus d'espoir que chacun de nous ?

Temps. Sawda chante comme on prie.

22. Abdessamad

Jeanne est au village natal de Nawal.
Abdessamad est devant elle.

JEANNE. Vous êtes Abdessamad Darazia ? On m'a dit de venir vous voir parce que vous connaissez toutes les histoires du village.

ABDESSAMAD. Les vraies et les fausses, oui.

JEANNE. Vous souvenez-vous de Nawal ? *(Lui montrant la photo.)* Elle. Elle est née et a grandi dans ce village.

ABDESSAMAD. Il y a Nawal qui est partie avec Sawda. Mais ça, c'est une légende.

JEANNE. Qui est Sawda ?

ABDESSAMAD. Une légende. On l'appelait la fille qui chante. Une voix douce et profonde. Elle chantait toujours à point nommé. Une légende.

JEANNE. Et Nawal alors ? Nawal Marwan ?

ABDESSAMAD. Nawal et Sawda. Une légende.

JEANNE. Que dit la légende ?

ABDESSAMAD. Elle dit qu'une nuit on a séparé Nawal et Wahab.

JEANNE. Qui est Wahab ?

ABDESSAMAD. Une légende ! On dit que si on tarde trop dans les forêts, autour du rocher aux arbres blancs, on entend leurs rires.

Wahab et Nawal (14 ans) au rocher aux arbres blancs. Nawal déballe un cadeau.

WAHAB. Je t'ai apporté un cadeau, Nawal.

NAWAL. Un nez de clown ! !

WAHAB. Le même qu'on a vu lorsque le théâtre ambulant est passé. Tu riais tellement ! Tu me disais : «Son nez ! Son nez ! Regarde son nez !» Et j'aimais tellement t'entendre rire. Je suis parti jusqu'à leur campement, j'ai failli me faire dévorer par le lion, piétiner par l'éléphant, il a fallu parlementer avec les tigres, j'ai dévoré trois serpents et je suis rentré dans la tente du clown, le clown dormait, le nez était sur sa table, je l'ai pris et je me suis enfui !

ABDESSAMAD. Dans le cimetière, il y a encore la pierre où, d'après la légende, Nawal a gravé le nom de sa grand-mère. Lettre par lettre. Première épitaphe du cimetière. Elle avait appris à écrire. Puis elle est partie. Sawda avec elle et la guerre est arrivée. Ce n'est jamais bon signe lorsque la jeunesse s'enfuit.

JEANNE. Kfar Rayat, ça se trouve où ?

ABDESSAMAD. En enfer.

JEANNE. Plus précisément.

ABDESSAMAD. Au sud. Pas loin de Nabatiyé. Suivez la route.

Abdessamad sort. Jeanne appelle.

JEANNE. Allô, Simon, c'est Jeanne. Je t'appelle du village natal de maman. Écoute. Écoute les bruits du village.

Jeanne s'en va en tendant son téléphone.

23. La vie est autour du couteau

Sawda et Nawal (40 ans) sortent du village. Matin.
Arrive un milicien.

MILICIEN. Qui êtes-vous ? D'où venez-vous ? Les routes sont fermées aux voyageurs.

NAWAL. Nous venons de Nabatiyé et allons à Kfar Rayat.

MILICIEN. Vous êtes peut-être ces deux femmes que nous cherchons depuis deux jours ! Toute notre milice les cherche et les militaires venus du sud les cherchent aussi : elles écrivent et mettent des idées dans la tête des gens.

Silence.

Vous êtes ces deux femmes : l'une écrit et l'autre chante. Tu vois ces chaussures ? Nous les avons prises cette nuit aux pieds des cadavres. Chacun des hommes qui les portaient, on l'a tué au corps à corps, les yeux dans les yeux. Ils nous disaient : «On est du même pays, du même sang» et on leur fracassait le crâne, puis on leur enlevait leurs chaussures. Au début ma main tremblait. C'est comme dans tout. La première fois est hésitante. On ne sait pas combien ça peut être fort un crâne. Alors on ne sait pas comment fort il faut cogner. Le couteau, on ne sait pas où le planter. On ne sait pas. Le plus difficile n'est pas de planter le couteau, c'est de le retirer, parce que tous les muscles se contractent et agrippent le couteau. Les muscles savent que la vie est là. Autour du couteau. Alors on a qu'à bien aiguiser sa lame et il n'y a plus de problème. La lame sort comme elle rentre. La première fois c'est dur. Après c'est plus facile.

Le milicien agrippe Nawal figée de peur et pose son couteau sur sa gorge.

Je vais vous saigner et on verra bien si celle qui sait chanter a une belle voix et si celle qui sait penser a encore des idées…

Sans hésiter, Sawda sort un pistolet et tire un coup.

Le milicien tombe.

SAWDA. Nawal, j'ai peur que le soldat ait raison. Tu as entendu ce qu'il a dit : « La première fois c'est dur, après c'est plus facile. »

NAWAL. Tu ne l'as pas tué, tu nous a gardées en vie.

SAWDA. Tout ça, ce sont des mots, rien que des mots !

Sawda tire un second coup sur le corps du milicien.

24. Kfar Rayat

Jeanne dans la prison de Kfar Rayat. Le guide à ses côtés. Elle prend des photos.

LE GUIDE. Pour relancer l'industrie touristique, cette prison est devenue un musée en 2000. Moi, j'étais guide dans le Nord avant, je faisais les ruines romaines. Ma spécialité. Maintenant je fais la prison de Kfar Rayat.

JEANNE *(montrant la photo de Nawal et Sawda)*. Vous connaissez ces femmes ?

LE GUIDE. Non. Qui sont-elles ?

JEANNE. Elles ont travaillé ici peut-être.

LE GUIDE. Alors elles ont dû fuir à la fin de la guerre avec le bourreau, Abou Tarek. Là, c'est la cellule la plus célèbre de la prison de Kfar Rayat. Cellule n° 7. Les gens viennent en pèlerinage. C'était la cellule de la femme qui chante. Détenue pendant cinq ans. Quand les autres se faisaient torturer, elle chantait.

JEANNE. Elle s'appelait Sawda, la femme qui chante ?

LE GUIDE. On ne connaissait pas son nom. Ils avaient tous un matricule. Un numéro. La femme qui chante était le numéro 72. C'est un chiffre célèbre ici.

JEANNE. 72, vous dites ?!

LE GUIDE. Oui, pourquoi ?

JEANNE. Vous connaissez quelqu'un qui a travaillé ici ?

LE GUIDE. Le concierge de l'école. À l'époque il était gardien ici.

JEANNE. Depuis quand la prison existe ?

LE GUIDE. 1978. L'année où il y a eu les grands massacres dans les camps de réfugiés de Kfar Riad et Kfar Matra. C'est pas loin d'ici. Les militaires ont encerclé les camps et ils ont fait entrer les miliciens et les miliciens ont tué tout ce qu'ils trouvaient. Ils étaient fous. On avait assassiné leur chef. Alors ils n'ont pas rigolé. Une grande blessure au flanc du pays.

Jeanne s'en va.

25. Amitiés

Nawal (40 ans) et Sawda.

SAWDA. Ils sont rentrés dans le camp. Couteaux, grenades, machettes, haches, fusils, acide. Leur main ne tremblait pas. Dans le sommeil, ils ont planté leur arme dans le sommeil et ils ont tué le sommeil des enfants, des femmes, des hommes qui dormaient dans la grande nuit du monde !

NAWAL. Tu vas faire quoi ?

SAWDA. Laisse-moi !

NAWAL. Tu vas faire quoi ? Tu vas aller où ?

SAWDA. Je vais aller dans chaque maison !

NAWAL. Tu vas tirer une balle dans la tête de chacun ?

SAWDA. Œil pour œil, dent pour dent, ils n'arrêtent pas de le crier !

NAWAL. Oui, mais pas comme ça !

SAWDA. Pas autrement ! Puisque la mort peut être contemplée avec indifférence, alors pas autrement !

NAWAL. Alors toi aussi, tu veux aller dans les maisons et tuer enfants, femmes, hommes !

SAWDA. Ils ont tué mes parents, tué mes cousins, tué mes voisins, tué les amis lointains de mes parents ! Alors c'est pareil !

NAWAL. Oui, c'est pareil, tu as raison Sawda, mais réfléchis !

SAWDA. À quoi ça sert de réfléchir ! Personne ne revient à la vie parce qu'on réfléchit !

NAWAL. Réfléchis, Sawda ! Tu es la victime et tu vas aller tuer tous ceux qui seront sur ton chemin, alors tu seras le bourreau, puis après, à ton tour tu seras la victime ! Toi tu sais chanter, Sawda, tu sais chanter !

SAWDA. Je ne veux pas ! Je ne veux pas me consoler, Nawal. Je ne veux pas que tes idées, tes images, tes paroles, tes yeux, ton amitié, toute notre vie côte à côte, je ne veux pas qu'ils me consolent de ce que j'ai vu et entendu ! Ils sont entrés dans les camps comme des fous furieux. Les premiers cris ont réveillé les autres et rapidement on a entendu la fureur des miliciens ! Ils ont commencé par lancer les enfants contre le

mur, puis ils ont tué tous les hommes qu'ils ont
pu trouver. Les garçons égorgés, les jeunes filles
brûlées. Tout brûlait autour, Nawal, tout brûlait,
tout cramait ! Il y avait des vagues de sang qui
coulaient des ruelles. Les cris montaient des gorges
et s'éteignaient et c'était une vie en moins. Un
milicien préparait l'exécution de trois frères. Ils
les a plaqués contre le mur. J'étais à leurs pieds,
cachée dans le caniveau. Je voyais le tremblement
de leurs jambes. Trois frères. Les miliciens ont tiré
leur mère par les cheveux, l'ont plantée devant ses
fils et l'un d'eux lui a hurlé : «Choisis ! Choisis
lequel tu veux sauver. Choisis ! Choisis ou je les
tue tous ! Tous les trois ! Je compte jusqu'à trois,
à trois je les tire tous les trois ! Choisis ! Choisis !»
Et elle, incapable de parole, incapable de rien,
tournait la tête à droite et à gauche et regardait
chacun de ses trois fils ! Nawal, écoute-moi, je
ne te raconte pas une histoire. Je te raconte une
douleur qui est tombée à mes pieds. Je la voyais,
entre le tremblement des jambes de ses fils. Avec
ses seins trop lourds et son corps vieilli pour les
avoir portés, ses trois fils. Et tout son corps hurlait :
«Alors à quoi bon les avoir portés si c'est pour les
voir ensanglantés contre un mur !» Et le milicien
criait toujours : «Choisis ! Choisis !» Alors elle l'a
regardé et elle lui a dit, comme un dernier espoir :
«Comment peux-tu, regarde-moi, je pourrais être
ta mère !» Alors il l'a frappée : «N'insulte pas ma
mère ! Choisis !» et elle a dit un nom, elle a dit
«Nidal. Nidal !» Et elle est tombée et le milicien

a abattu les deux plus jeunes. Il a laissé l'aîné en vie, tremblant ! Il l'a laissé et il est parti. Les deux corps sont tombés. La mère s'est relevée et au cœur de la ville qui brûlait, qui pleurait de toute sa vapeur, elle s'est mise à hurler que c'était elle qui avait tué ses fils. Avec son corps trop lourd, elle disait qu'elle était l'assassin de ses enfants !

NAWAL. Je comprends, Sawda, mais pour répondre à ça on ne peut pas faire n'importe quoi. Écoute-moi. Écoute ce que je te dis : le sang est sur nous et dans une situation pareille, les souffrances d'une mère comptent moins que la terrible machine qui nous broie. La douleur de cette femme, ta douleur, la mienne, celle de tous ceux qui sont morts cette nuit ne sont plus un scandale, mais une addition, une addition monstrueuse qu'on ne peut pas calculer. Alors, toi, toi Sawda, toi qui récitais l'alphabet avec moi il y a longtemps sur le chemin du soleil, lorsque nous allions côte à côte pour retrouver mon fils né d'une histoire d'amour comme celle que l'on ne nous raconte plus, toi, tu ne peux pas participer à cette addition monstrueuse de la douleur. Tu ne peux pas.

SAWDA. Alors on fait quoi ? On fait quoi ? On reste les bras croisés ! On attend ? On comprend ? On comprend quoi ? On se dit que tout ça, ce sont des histoires entre des abrutis et que ça ne nous concerne pas ! Qu'on reste dans nos livres et notre alphabet à trouver ça « tellement » joli, trouver ça « tellement » beau, trouver ça « tellement » extraordinaire et «tellement» intéressant ! «Joli. Beau. Intéressant. Extraordinaire» sont des crachats au visage des victimes. Des mots ! À quoi ça sert, les mots, dis-moi, si aujourd'hui je ne sais pas ce que je dois faire ! On fait quoi, Nawal ?

NAWAL. Je ne peux pas te répondre, Sawda, parce qu'on est démunies. Pas de valeurs pour nous retrouver, alors ce sont des petites valeurs de fortune. Ce que l'on sait et ce que l'on sent. Ça c'est bien, ça c'est pas bien. Mais je vais te dire : on n'aime pas la guerre, et on est obligé de la faire. On n'aime pas le malheur et on est en plein dedans. Tu veux aller te venger, brûler des maisons, faire ressentir ce que tu ressens pour qu'ils comprennent, pour qu'ils changent, que les hommes qui ont fait ça se transforment. Tu veux les punir pour qu'ils comprennent. Mais ce jeu d'imbéciles se nourrit de la bêtise et de la douleur qui t'aveuglent.

SAWDA. Alors on bouge pas, c'est ça ?

NAWAL. Mais tu veux convaincre qui ? Tu ne vois pas qu'il y a des hommes que l'on ne peut plus convaincre ? Des hommes que l'on ne peut plus persuader de quoi que ce soit ? Comment tu veux expliquer au type qui hurlait aux oreilles de cette femme «Choisis !» pour l'obliger à condamner elle-même ses enfants, qu'il s'est trompé ? Qu'est-ce que tu crois ? Qu'il va te dire : «Ah ! Mademoiselle Sawda, votre raisonnement est intéressant, je cours tout de suite changer d'avis, changer de cœur, changer de sang, changer de monde, d'univers et de planète et je vais m'excuser sur-le-champ »? Qu'est-ce que tu penses! Qu'en allant faire saigner de tes mains sa femme et son fils tu vas lui apprendre quelque chose! Tu crois qu'il va dire du jour au lendemain, avec les corps de ceux qu'il aime à ses pieds : « Tiens, ça me fait réfléchir et c'est vrai que les réfugiés ont droit à une terre. Je leur donne la mienne et nous vivrons en paix et en harmonie ensemble tous ensemble! » Sawda, quand on a arraché mon fils de mon ventre puis de mes bras, puis de ma vie, j'ai compris qu'il fallait choisir : ou je défigure le monde ou je fais tout pour le retrouver. Et chaque jour je pense à lui. Il a vingt-cinq ans, l'âge de tuer et l'âge de mourir, l'âge d'aimer et l'âge de souffrir; alors à quoi je pense, crois-tu, quand je te raconte tout ça? Je pense à sa mort évidente, à ma quête imbécile, au fait que je serai à jamais incomplète parce qu'il est sorti de ma vie et que jamais je ne verrai son corps là, devant moi. Ne pense pas que la douleur de cette femme je ne la ressens pas. Elle est en moi comme un poison. Et je te jure, Sawda, que moi la première, je prendrais les grenades, je prendrais la dynamite, les bombes et tout ce qui peut faire le plus de mal, je les enroulerais autour de moi, je les avalerais, et j'irais tout droit au milieu des hommes imbéciles et je me ferais exploser avec une joie que tu ne peux pas même soupçonner. Je le ferais, je te jure, parce que moi je n'ai plus rien à perdre, et ma haine est grande, très grande envers ces hommes ! Tous les jours je vis dans le visage même de ceux qui détruisent nos vies. Je vis dans chacune de leurs rides et je n'ai qu'à faire ça pour les décharner jusqu'à la moelle de leur âme, tu m'entends ? Mais j'ai fait une promesse, une promesse à une vieille femme d'apprendre à lire, à écrire et à parler, pour sortir de la misère, sortir de la haine. Et je vais m'y tenir, à cette promesse. Coûte que coûte. Ne haïr personne, jamais, la tête dans les étoiles, toujours. Promesse à une vieille femme pas belle, pas riche, pas rien de rien, mais qui m'a aidée, s'est occupée de moi et m'a sauvée.

SAWDA. Alors qu'est-ce qu'on fait ?

NAWAL. Je vais te dire ce que l'on fait. Mais tu vas m'écouter jusqu'au bout. Tu vas me promettre tout de suite que tu ne discuteras pas.

SAWDA. À quoi tu penses ?

NAWAL. Promets !

SAWDA. Je ne sais pas !

NAWAL. Rappelle-toi, tu es venue me trouver, tu m'as dit : «Apprends-moi à lire et à écrire.» Je t'ai dit oui et j'ai tenu ma promesse. Maintenant, c'est à ton tour de promettre. Promets.

SAWDA. Je te promets.

NAWAL. On va frapper. Mais on va frapper à un endroit. Un seul. Et on fera mal. On ne touchera aucun enfant, aucune femme, aucun homme, sauf un. Un seul. On le touchera. On le tuera ou on ne le tuera pas, cela n'a aucune importance, mais on le touchera.

SAWDA. À quoi tu penses ?

NAWAL. Je pense à Chad.

SAWDA. C'est le chef de toutes les milices. On ne le trouvera pas.

NAWAL. La fille qui enseigne à ses enfants a été mon élève. Elle va m'aider. Je vais la remplacer pour une semaine.

SAWDA. Pourquoi tu dis « je » ?

NAWAL. Parce que je vais y aller seule.

SAWDA. Et tu feras quoi ?

NAWAL. Les premières journées, rien. Je vais enseigner à ses filles.

SAWDA. Après ?

NAWAL. La dernière journée, avant de le quitter, je lui tirerai deux balles. Une pour toi, une pour moi. Une pour les réfugiés, l'autre pour les gens de mon pays. Une pour sa bêtise, une pour l'armée qui nous envahit. Deux balles jumelles. Pas une, pas trois. Deux.

SAWDA. Et après ? Tu vas t'enfuir comment ?

Silence.

SAWDA. Je refuse. Ce n'est pas à toi de faire ça.

NAWAL. Non ? À qui, alors ? À toi, peut-être ?

SAWDA. Pourquoi pas ?

NAWAL. Pourquoi on va faire tout ça ? Pour se venger ? Non. Parce qu'on veut encore aimer avec passion. Et dans une situation comme la nôtre, il y en a qui vont mourir et d'autres non. Alors ceux qui ont déjà aimé avec passion doivent mourir avant ceux qui n'ont pas encore aimé. C'est ce que je crois, Sawda. Moi, l'amour que j'avais à vivre, je l'ai vécu, l'enfant que je devais avoir, je l'ai eu. Il me restait à apprendre, j'ai appris. Alors il ne me reste que ma mort et je la choisis et elle sera entière. Tu iras te cacher chez Chamseddine.

SAWDA. Chamseddine est aussi violent que les autres.

NAWAL. Tu n'auras pas le choix. Ne me trahis pas, Sawda, et vis pour moi, et continue à chanter pour moi.

SAWDA. Comment je ferai pour vivre sans toi ?

NAWAL. Et moi et moi comment je ferai pour vivre sans toi ? Rappelle-toi le poème appris il y a longtemps, nous étions encore jeunes. Je pensais encore retrouver mon fils. *(Elles récitent le poème*

Al Atlal *en arabe.)* Récite-le chaque fois que je te manquerai, et quand tu auras besoin de courage, tu réciteras l'alphabet. Et moi, quand j'aurai besoin de courage, je chanterai, je chanterai, Sawda, comme tu m'as appris à le faire. Et ma voix sera ta voix et ta voix sera ma voix. Comme ça, on restera ensemble. Il n'y a rien de plus beau que d'être ensemble.

26. La veste en toile verte

Jeanne et le concierge de l'école.

LE CONCIERGE. Je suis concierge d'une école.

JEANNE. Oui mais avant… Quand la prison était encore une prison.

LE CONCIERGE. Vous êtes restée trop longtemps.

Jeanne sort la veste en toile verte.

JEANNE. Et cette veste, elle ne vous dit rien cette veste et là derrière le numéro 72.

L'homme se saisit de la veste.

LE CONCIERGE. La femme qui chante.

JEANNE *(lui tendant la photo).* Est-ce que c'est elle ?

LE CONCIERGE *(examinant la photo)*. Non. C'est elle.

JEANNE. Non ! C'est elle !

LE CONCIERGE. J'ai vu cette femme pendant plus de dix ans. Elle était toujours dans sa cellule. La femme qui chante. L'un des rares à avoir vu son visage, c'est moi.

JEANNE. Écoutez-moi bien ! Vous m'assurez que cette femme, celle-là, qui a les cheveux longs et qui sourit, est la femme qui chante !

LE CONCIERGE. C'est la femme que j'ai connue dans sa cellule.

JEANNE. Et celle-là, c'est qui ?

LE CONCIERGE. Je ne la connais pas.

JEANNE. Sawda. Elle s'appelle Sawda ! C'est elle, la femme qui chante ! Tout le monde me l'a dit.

LE CONCIERGE. Alors ils vous ont menti. La femme qui chante, c'est elle.

JEANNE. Nawal ? Nawal Marwan ?

LE CONCIERGE. On ne prononçait pas son nom. C'était la femme qui chante. Le numéro 72. Cellule n° 7. Celle qui a assassiné le chef des milices. Deux balles. Le pays a tremblé. Ils l'ont mise à Kfar Rayat. Tous ses amis ont été attrapés et tués. L'une d'elles s'est rendue jusqu'au café où se tenaient les miliciens et s'est fait exploser. La femme qui chante, seule, est restée en vie. Abou Tarek s'est occupé d'elle. Les nuits où Abou Tarek la violait, leurs voix se confondaient.

JEANNE. Ah oui, d'accord, elle a été violée !

LE CONCIERGE. C'était courant ici. À force, elle est tombée enceinte.

JEANNE. Quoi ?!

LE CONCIERGE. Ça aussi c'était courant.

JEANNE. Bien sûr elle est tombée enceinte… !

LE CONCIERGE. La nuit où elle a accouché, la prison au complet faisait silence. Elle a accouché seule, toute seule, accroupie dans un coin de sa cellule. On l'entendait hurler, et ses hurlements étaient comme une malédiction sur nous tous. Lorsqu'il n'y a plus rien eu, je suis rentré. Tout était noir. Elle avait mis l'enfant dans un seau et l'avait recouvert d'une serviette. Moi, j'étais celui qui allait jeter les enfants dans la rivière. On était l'hiver. J'ai pris le seau, je n'ai pas osé regarder, je suis sorti. La nuit était belle et froide. Profonde. Sans lune. La rivière était gelée. Je suis allé jusqu'au fossé, je l'ai laissé là. Mais j'entendais les cris de l'enfant et j'entendais les chants de la femme qui chante. Alors je me suis arrêté, ma conscience était froide et noire comme la nuit. Les voix étaient comme des coulées de neige dans mon âme. Alors je suis revenu, j'ai pris le seau et j'ai marché, longtemps marché. J'ai croisé un paysan qui rentrait avec son troupeau vers le village du haut, vers Kisserwan. Il m'a vu, a vu ma douleur, m'a donné à boire et je lui ai donné le seau. Je lui ai dit : «Tiens, c'est l'enfant de la femme qui chante.» Et je suis reparti. Plus tard on a su ce que j'avais fait. Alors on m'a pardonné. On m'a laissé tranquille. Aujourd'hui je suis dans cette école. C'est bien.

Longue pause.

JEANNE. Oui, c'est très bien. Elle a donc été violée par Abou Tarek.

LE CONCIERGE. Oui.

JEANNE. Elle est tombée enceinte et puis elle a eu un enfant en prison.

LE CONCIERGE. Oui.

JEANNE. Vous avez pris cet enfant et pour ne pas le tuer comme tous les autres, vous l'avez donné à un paysan. C'est ça ??

LE CONCIERGE : C'est ça, oui…

JEANNE. Kisserwan se trouve où ?

LE CONCIERGE. Un peu plus à l'ouest. Face à la mer. Un village tout blanc. Demandez l'homme qui a élevé l'enfant de la femme qui chante. On le reconnaîtra sûrement. Je m'appelle Fahim. J'ai jeté beaucoup d'enfants dans la rivière. Mais celui-là, je ne l'ai pas jeté. Ses cris m'ont atteint. Si vous trouvez cet enfant, dites-lui mon nom, Fahim.

Jeanne revêt la veste.

JEANNE. Pourquoi tu ne nous as rien dit ? On t'aurait tellement aimée. Tellement été fiers de toi. Tellement défendue. Pourquoi tu ne nous as rien dit ! Pourquoi je ne t'ai jamais entendue chanter, maman ?

27. Téléphones

Jeanne dans une cabine téléphonique à pièces.
Simon au centre d'entraînement.
Jeanne et Simon parlent en même temps.

JEANNE. Simon, écoute, Je m'en fous ! Je m'en fous de ton combat de boxe ! Ta gueule !… Simon ! Elle a été emprisonnée ! Elle a été torturée ! Elle a été violée ! Tu m'entends ! Violée ! Tu entends ce que je te dis ? Et le frère qu'on a, elle l'a eu en prison. Non ! Fuck, Simon, je t'appelle du fin fond du trou du cul du monde, il y a une mer et deux océans entre nous, alors ferme ta gueule et écoute-moi ! Non, tu ne me rappelles pas, tu vas voir le notaire, tu lui demandes le cahier rouge et tu regardes ce qu'il y a dedans. Et c'est tout.

SIMON. Non… non… ça ne m'intéresse pas ! Mon combat de boxe ! C'est tout ! Oui, c'est tout ! Je veux pas le savoir! Non, ça ne m'intéresse pas de connaître son histoire! Ça ne m'intéresse pas! Je sais qui je suis aujourd'hui et ça me suffit! Maintenant, toi, écoute-moi! Tu rentres! Tu rentres, fuck, tu rentres! Tu rentres, Jeanne!… Allô! Allô!… Fuck!… T'as pas un numéro, sur ta crisse de cabine, où je peux t'appeler?

Elle raccroche.

28. Les noms véritables

Jeanne chez le paysan. Elle le prend en photo.

JEANNE. Un berger m'a envoyée vers vous. Il m'a dit: «Monte jusqu'à la maison rose, tu trouveras un vieil homme, c'est Abdelmalak, mais tu peux l'appeler Malak. Il t'accueillera.» Alors je suis venue.

MALAK. Et qui t'a envoyée jusqu'au berger?

JEANNE. Fahim, le concierge de l'école à Kfar Rayat.

MALAK. Et Fahim, qui t'a parlé de lui?

JEANNE. Le guide de la prison de Kfar Rayat.

MALAK. Mansour. C'est son nom. Et pourquoi as-tu été voir Mansour?

JEANNE. Abdessamad, un réfugié qui vit dans un village du Nord, m'a indiqué le chemin de la prison de Kfar Rayat.

MALAK. Et Abdessamad, qui est-ce qui t'a poussée à aller le voir ?

JEANNE. À ce rythme, on arrivera au jour de ma naissance.

MALAK. Qui sait ? On trouvera alors une belle histoire d'amour. Tu vois l'arbre qui est là, c'est un noisetier. Il a été planté le jour de ma naissance. Il a cent ans. Le temps est une drôle de bête. Alors ?

JEANNE. Abdessamad habite le village natal de ma mère.

MALAK. Et comment s'appelle ta mère ?

JEANNE. Nawal Marwan.

MALAK. Et toi, comment t'appelles-tu ?

JEANNE. Jeanne Marwan.

MALAK. Alors, Jeanne Marwan, que veux-tu ? Vers qui, à mon tour, je pourrais te mener ?

JEANNE. Vers un enfant qu'un jour Fahim vous a confié de la part de ma mère.

MALAK. Je ne connais pourtant pas ta mère.

JEANNE. Vous ne connaissez pas Nawal Marwan ?

MALAK. Ce nom ne me dit rien.

JEANNE. Et la femme qui chante ?

MALAK. Pourquoi me parles-tu de la femme qui chante ? Tu la connais ? Serait-elle revenue ?

JEANNE. La femme qui chante est morte. Nawal Marwan est la femme qui chante. Nawal Marwan est son nom. Et c'est ma mère.

Le vieil homme prend Jeanne dans ses bras.

MALAK. Tu es Jannaane !

JEANNE. Non ! Je m'appelle Jeanne...

Nawal (45 ans) est là. En face d'elle, Malak, debout, avec deux bébés dans ses bras.

MALAK. Le bruit a couru dans tout le pays que tu as été libérée.

NAWAL. Qu'est-ce que tu me veux ?

MALAK. Te remettre tes enfants. J'en ai pris soin comme s'ils avaient été mes propres enfants.

NAWAL. Alors garde-les !

MALAK. Non ! Ils sont à toi. Prends-les. Tu ne sais pas ce qu'ils seront pour toi. Il en a fallu des miracles pour qu'ils se retrouvent aujourd'hui entre mes mains et des miracles pour que tu sois encore en vie. Tous trois des rescapés. Trois miracles qui se regardent. On ne voit pas ça tous les jours. Je leur ai donné un nom à chacun. Le garçon s'appelle Sarwane et la fille, Jannaane. Sarwane et Jannaane. Prends-les et garde-moi dans ta mémoire.

Malak donne les enfants à Nawal.

JEANNE. Non ! Non ! Ce n'est pas ça ! Ce n'est pas nous ! Je m'appelle Jeanne et mon frère, Simon.

MALAK. Jannaane et Sarwane…

JEANNE. Non ! Non ! Nous sommes nés à l'hôpital. On a notre certificat de naissance ! Et puis nous sommes nés l'été, pas l'hiver, et l'enfant né à Kfar Rayat est né l'hiver puisque la rivière était gelée, Fahim me l'a dit puisqu'il n'a pas pu jeter le seau dans l'eau profonde !

MALAK. Fahim s'est trompé.

JEANNE. Non ! Fahim ne s'est pas trompé ! Il la voyait tous les jours ! Il a pris l'enfant, il a pris le seau, l'enfant était dans le seau, et il n'y avait qu'un seul enfant, pas deux, pas deux !

MALAK. Fahim n'a pas bien regardé.

JEANNE. Mon père est mort, il a donné sa vie pour votre pays, et ce n'est pas un bourreau, et il a aimé ma mère et ma mère l'a follement aimé !

MALAK. C'est ce qu'elle vous racontait ? C'est bien, il faut toujours raconter des histoires aux enfants pour les aider à dormir. Je t'avais prévenue, au jeu des questions et réponses on arrive facilement à la naissance des choses, et nous voilà arrivés au secret de ta propre naissance. Écoute-moi maintenant : Fahim me tend le seau et il repart en courant. Je lève le tissu qui protégeait l'enfant, et là, je vois deux bébés, deux, à peine nés, rouges de colère, agrippés l'un à l'autre, serrés l'un contre l'autre, avec toute la ferveur du début de leur existence. Je vous ai pris et je suis parti et je vous ai nourris et nommés : Jannaane et Sarwane. Et voilà. Tu me reviens à la mort de ta mère, et je vois, aux larmes qui coulent de tes yeux, que je ne me suis pas trompé. Les fruits de la femme qui chante sont nés du viol et de l'horreur, ils sauront renverser la cadence des cris perdus des enfants jetés dans la rivière.

29. La parole de Nawal

Simon ouvre le cahier rouge.
Nawal (60 ans) témoigne devant les juges.

NAWAL. Madame la présidente, mesdames et messieurs le jury. Mon témoignage, je le ferai debout, les yeux ouverts, car souvent on m'a forcée à les tenir fermés. Mon témoignage, je le ferai face à mon bourreau. Abou Tarek. Je prononce votre nom pour la dernière fois de ma vie. Je le prononce pour que vous sachiez que je vous reconnais. Que vous ne puissiez nourrir aucun doute là-dessus. Beaucoup de morts, s'ils se réveillaient de leur lit de douleurs, pourraient aussi vous reconnaître et reconnaître le sourire de votre horreur. Beaucoup de vos hommes vous craignaient, eux qui étaient des cauchemars. Comment un cauchemar peut-il craindre un cauchemar? Les hommes bons et justes qui viendront après nous peut-être sauront-ils résoudre l'équation. Je vous reconnais, mais peut-être ne me reconnaissez-vous pas, malgré ma conviction que vous me replacez parfaitement puisque votre fonction de bourreau exigeait de vous une parfaite mémoire des noms, des prénoms, des dates, des lieux, des évènements. Je vais vous rappeler à moi, tout de même, vous rappeler à mon visage puisque mon visage était ce qui vous occupait le moins. Vous vous souvenez bien plus précisément de ma peau, de mon odeur, jusqu'au plus intime de mon corps qui n'était pour vous qu'un territoire qu'il fallait massacrer peu à peu. À travers moi, ce sont des fantômes qui vous parlent. Rappelez-vous. Mon nom peut-être ne vous dira rien, car toutes les femmes étaient pour vous des putes. Vous disiez la pute 45, la pute 63. Ce mot vous donnait une allure, une élégance, un savoir-faire, un sérieux, une autorité. Et les femmes, une à une, éveillaient en elles leur haine et leur peur. Mon nom ne vous dira rien, mon numéro de pute non plus, peut-être, mais une chose que vous n'avez pas oubliée, malgré les efforts que vous pouvez faire pour l'empêcher de noyer votre cœur, saura fissurer la digue de votre oubli. La femme qui chante. Vous vous souvenez maintenant? Vous savez les vérités de votre colère sur moi, lorsque vous m'avez suspendue par les pieds, lorsque l'eau, mélangée à l'électricité, lorsque les clous sous les ongles, lorsque le pistolet chargé à blanc dirigé vers moi. Le coup du pistolet et puis la mort qui participe à la torture, et l'urine sur mon corps, la vôtre, dans ma bouche, sur mon sexe et votre sexe dans mon sexe, une fois, deux fois, trois fois, et si souvent que le temps s'est fracturé. Mon ventre qui gonfle de vous, votre infecte torture dans mon ventre et seule, vous avez voulu que je reste seule, toute seule pour accoucher. Deux enfants, jumeaux. Vous m'obligiez à ne plus aimer les enfants, à me battre, à les élever dans le chagrin et dans le silence. Comment leur parler de vous, leur parler de leur père, leur parler de la vérité qui, dans ce cas, n'était qu'un fruit vert qui ne mûrirait jamais ? Amère, amère est la vérité dite. Le temps passera, mais vous n'échapperez pas à une justice qui nous échappe à tous : ces enfants que nous avons mis au monde, vous et moi, sont bien vivants, sont beaux, intelligents, sensibles, portent en eux les victoires et les défaites, cherchent déjà à donner sens à leur vie, à leur existence, je vous promets qu'un jour ou l'autre ils viendront se mettre debout devant vous, dans votre cellule, et vous serez seul avec eux comme j'ai été seule avec eux et, tout comme moi, vous ne saurez plus rien du sentiment de l'existence. Un rocher le ressentirait mieux que vous. Je vous parle d'expérience. Je vous promets aussi que lorsqu'ils se présenteront devant vous, tous deux sauront qui vous êtes. Nous venons tous deux de la même terre, de la même langue, de la même histoire, et chaque terre, chaque langue, chaque histoire est responsable de son peuple, et chaque peuple est responsable de ses traîtres et de ses héros. Responsable de ses bourreaux et des victimes, responsable de ses victoires et de ses défaites. En ce sens, je suis, moi, responsable de vous et vous, responsable de moi. Nous n'aimions pas la guerre ni la violence, nous avons fait la guerre et avons été violents. À présent, il nous reste encore notre possible dignité. Nous avons échoué en tout, nous pourrions peut-être sauver encore cela : la dignité. Vous parler comme je vous parle témoigne de ma promesse tenue envers une femme qui un jour me fit comprendre l'importance de s'arracher à la misère : « Apprends à lire, à parler, à écrire, à compter, apprends à penser. »

SIMON *(lisant dans le cahier rouge)*. Mon témoignage est le fruit de cet effort. Me taire sur votre compte serait être complice de vos crimes.

Simon referme le cahier.

30. Les loups rouges

Simon et Hermile Lebel.

HERMILE LEBEL. Qu'est-ce que vous voulez faire ?

SIMON. J'ai envie de rien faire. Un frère. Pour quoi faire ?

HERMILE LEBEL. Pour savoir…

SIMON. Je n'ai pas envie de savoir.

HERMILE LEBEL. Pour Jeanne, alors. Elle ne vivra pas, Jeanne, si elle ne sait pas.

SIMON. Je ne serai pas capable de le chercher, de le trouver !

HERMILE LEBEL. Mais si, vous allez être capable ! Vous êtes boxeur !

SIMON. Amateur. Je suis boxeur amateur. Je n'ai jamais fait un combat professionnel !

HERMILE LEBEL. Je vais vous aider, on ira faire faire nos passeports ensemble, je vais y aller avec vous, moi, je ne vous laisserai pas seul. On le retrouvera, votre frère ! J'en suis sûr. Peut-être que ça va vous aider à vivre, à vous battre, à gagner, à devenir professionnel. Je crois à ça ! C'est dans le cosmos, ces affaires-là ! Faut faire confiance.

SIMON. Vous avez l'enveloppe à remettre au frère ?

HERMILE LEBEL. Bien sûr ! Vous pouvez compter sur moi, je vous assure, vous pouvez compter sur moi ! On commence à apercevoir la lumière du train au bout du tunel !

Hermile s'en va. Nawal (65 ans) est avec lui.

NAWAL. Pourquoi tu pleures, Simon ?

SIMON. C'est comme un loup qui va venir. Il est rouge. Il y a du sang dans sa bouche.

NAWAL. Viens maintenant.

SIMON. Où m'entraînes-tu, maman?

NAWAL. J'ai besoin de tes poings pour briser le silence. Sarwane est ton véritable nom. Jannaane est le véritable nom de ta sœur. Nawal est le véritable prénom de ta mère. Abou TAREK est le nom de ton père. Il te faut à présent trouver le véritable nom de ton frère.

SIMON. Mon frère!

NAWAL. Ton frère de sang.

Simon reste seul.

INCENDIE DE SARWANE

31. L'homme qui joue

Un jeune homme en haut d'un immeuble.
Seul. Walkman (modèle 1980) sur les oreilles.
Fusil à lunette en guise de guitare, il interprète
avec passion les premiers accords de The Logical
Song *de Supertramp.*

NIHAD *(marquant la guitare puis chantant à*
tue-tête).
Kankinkankan, boudou
Kankinkankan, boudou
Kankinkankan, boudou
Kankinkankan, boudou

Lorsque la chanson débute, son fusil passe du
statut de guitare à celui de micro. Son anglais
est approximatif.
Il chante le premier couplet.
Soudain, son attention est attirée par quelque
chose au loin.
Il épaule son fusil, rapidement, vise tout en conti-
nuant à chanter.
Il tire un coup, recharge très rapidement.

Tire de nouveau en se déplaçant. Tire de nouveau, recharge, s'immobilise et tire encore.
Très rapidement, Nihad se saisit d'un appareil. Il le braque dans la même direction, il fait le point, prend la photo.
Il reprend la chanson.
Il s'arrête soudainement. Il se plaque au sol. Prend son fusil et vise tout près de lui.
Il se lève d'un coup et tire une balle. Il court vers l'endroit où il a tiré. Il a laissé son walkman qui continue à jouer.
Nihad est debout, toujours au même endroit. Il revient, tirant par les cheveux un homme blessé. Il le projette au sol.

L'HOMME. Non ! Non ! Je ne veux pas mourir !

NIHAD. « Je ne veux pas mourir ! » « Je ne veux pas mourir ! » C'est la phrase la plus débile que je connaisse !

L'HOMME. Je vous en prie, laissez-moi partir ! Je ne suis pas d'ici. Je suis photographe.

NIHAD. Photographe ?

L'HOMME. Oui… de guerre… photographe de guerre.

NIHAD. Et tu m'as pris en photo… ?

L'HOMME. … Oui… Je voulais prendre un franc-tireur… Je vous ai vu tirer… je suis monté… mais je peux vous donner les pellicules…

NIHAD. Moi aussi, je suis photographe. Je m'appelle Nihad. Photographe de guerre. Regarde. C'est moi qui ai tout pris.

Nihad lui montre photo sur photo.

L'HOMME. C'est très beau…

NIHAD. Non! Ce n'est pas beau. La plupart du temps on pense que ce sont des gens qui dorment. Mais non. Ils sont morts. C'est moi qui les ai tués! Je vous jure.

L'HOMME. Je vous crois…

Fouillant dans le sac du photographe, Nihad sort un appareil photographique à déroulement automatique muni d'un déclencheur souple. Nihad regarde dans le viseur et mitraille l'homme de plusieurs photos. Il tire de son sac un gros ruban adhésif et attache l'appareil photo au bout du canon de son fusil.

Qu'est-ce que vous faites…

L'appareil est bien fixé.
Nihad relie le déclencheur souple à la gâchette de son fusil.
Il regarde dans le viseur de son fusil et vise l'homme.

Qu'est-ce que vous faites?! Ne me tuez pas! Je pourrais être votre père, j'ai l'âge de votre mère…

Nihad tire. L'appareil se déclenche en même temps. Apparaît la photo de l'homme au moment où il est touché par la balle du fusil. Il s'adresse à l'homme mort.

NIHAD. Kirk, I am very happy to be here at « Star T.V. Show »…
Thank you to you, Nihad. So Nihad, what is your nesxt song ?
My nexst song will be a love song.
A love song !
Yes, a love song, Kirk.
It is new on you carrière, Nihad.
You know, well, I wrote this song when it was war. War on my country. Yes, one day a woman that I love died. Yes.
Shouting by a sniper. I feel a big crash in my hart. My hart colaps. Yes. I crie. And I wrote this song.
It will be a plasir to heare your love song, Nihad.
No problème, Kurk.

Nihad se lève de nouveau, se place, son fusil en guise de micro. Il ajuste ses écouteurs, fait démarrer son walkman. Et mime une batterie.

One, two, one, two, three, four !

Il sonorise les trente-deux coups de batterie de Roxane *de The Police faisant des Nin, nin, nin, nin, nin… puis chante la chanson en déformant les paroles.*

32. Désert

Hermile Lebel et Simon au milieu du désert.

SIMON. Il n'y a rien par là !

HERMILE LEBEL. Mais le milicien nous a dit d'aller par là !

SIMON. Il aurait bien pu nous envoyer chier aussi.

HERMILE LEBEL. Pourquoi il aurait fait ça ?

SIMON. Pourquoi pas ?

HERMILE LEBEL. Il était bien correct ! Il nous a dit d'aller trouver un dénommé Chamseddine, le chef spirituel de toute la résistance de la région du sud. Il nous a dit d'aller par là, on va par là.

SIMON. Et si on vous dit de vous tirer une balle dans la tête…

HERMILE LEBEL. Je ne vois pas pourquoi on me demanderait de faire une chose pareille !

SIMON. Bon. Qu'est-ce qu'on fait, là ?

HERMILE LEBEL. Qu'est-ce que vous voulez faire ?

SIMON. On ouvre l'enveloppe que je suis supposé remettre à mon frère ! On arrête de jouer à la cachette !

HERMILE LEBEL. Y en est pas question !

SIMON. Qu'est-ce qui m'en empêche?!

HERMILE LEBEL. Écoute-moi bien, mon petit garçon, parce que je ne le répéterai pas d'ici jusqu'à Mathusalem! Cette enveloppe ne t'appartient pas! Elle appartient à ton frère.

SIMON. Ouais, pis?!

HERMILE LEBEL. Regarde-moi bien dans le flanc des yeux! Faire ça! C'est comme faire un viol!

SIMON. Ben ça tombe bien, j'ai des antécédents! Mon père est violeur!

HERMILE LEBEL. Je ne voulais pas dire ça!

SIMON. O.K. C'est correct! On l'ouvrira pas, la crisse d'enveloppe. Mais fuck! On ne le trouvera pas!

HERMILE LEBEL. Monsieur Chamseddine?

SIMON. Ben non, mon frère!

HERMILE LEBEL. Pourquoi?

SIMON. Parce qu'il est mort! Je veux dire, fuck! À l'orphelinat, on nous a dit qu'à cette époque les miliciens enlevaient les enfants pour les faire sauter dans les camps. Alors il est mort. On a été voir dans les camps, là, on nous a parlé des massacres de 1978. Là encore, il est sûrement mort. On a quand même été voir un milicien qui vient du même orphelinat, il nous a dit qu'il se souvient pas très bien de grand-chose, sauf d'un gars comme lui qui n'avait pas de mère pas de père, qui est parti un jour et qui est sûrement mort. Alors si je compte bien, il est mort en se faisant sauter comme une bombe, il est mort égorgé et il est mort disparu. Ça fait beaucoup de morts. Alors Cheikh Chamseddine, je crois qu'on peut l'oublier.

HERMILE LEBEL. C'est sûr, c'est sûr, c'est sûr ! Mais si on veut en avoir le cœur net, le milicien nous a dit d'aller voir monsieur Chamseddine, qui est le chef spirituel de toute la résistance pendant la guerre contre l'armée qui a envahi le Sud. Alors il doit avoir des contacts. C'est des haut placés, ces gens-là. Des politiques. Ça connaît la bisness. C'est au courant de tout. Je veux dire pourquoi pas ? Il est peut-être vivant, votre frère, je veux dire on le sait pas ! On a trouvé son nom, c'est déjà pas mal. Nihad Harmanni !

SIMON. Nihad Harmanni.

HERMILE LEBEL. Harmanni, bon, des Harmanni y en a autant que des Tremblay dans l'annuaire, mais je veux dire on est pas loin d'avoir trouvé ! Monsieur Chamseddine va nous le dire !

SIMON. On va le trouver où, monsieur Chamseddine ?

HERMILE LEBEL. Je ne sais pas… par là !

SIMON. Y a le désert par là !

HERMILE LEBEL. Ben oui ! Ben justement ! C'est une bonne cachette ! Ils doivent se cacher, ces gens-là ! Je veux dire, monsieur Chamseddine, là, il doit pas être inscrit au club vidéo du coin, puis il appelle pas pour se faire livrer des pizzas hawaïennes ! Non ! Il se cache ! Il nous observe peut-être, fait que continuons, puis il finira bien par venir nous voir, nous demander ce que l'on fait sur ses terres !

SIMON. De quel film vous sortez, vous ?

HERMILE LEBEL. Non, mais c'est vrai, Simon ! Sarwane ! Allons-y ! Allons voir et on trouvera peut-être votre frère ! On sait jamais ! Peut-être que c'est un notaire comme moi, votre frère ! On pourra discuter minutes et actes notariés. Ou alors un vendeur de légumes, un restaurateur, on sait pas, prenez Trinh Xiao Feng, il était général dans l'armée vietnamienne, il a fini vendeur de burgers sur le boulevard Curé-Labelle, puis Hui Huo Xiao Feng s'est remariée avec Réal Bouchard ! Je veux dire on sait jamais ! Peut-être que votre frère est marié avec une riche américaine de San Diego, qu'ils ont huit enfants et que vous êtes huit fois « mon oncle ». On sait pas. Continuons !

Ils poursuivent leur route.

33. Les principes d'un franc-tireur

Nihad, fusil avec appareil photographique au bout du canon, tire.
Une première photo d'un homme qui court apparaît.
Nihad se déplace, tire de nouveau.
Une photo du même homme touché à mort apparaît.

NIHAD. You know, Kirk, sniper job is fantastic job.
Justement, Nihad, can you talk about this ?
Yeah ! It is an artistic job.
Because a good sniper, don't shoot n'importe comment, no, no, non ! I have lot of principe, Kirk !
First : When you shot, you have to kill, immédiatement, for not faire souffrir the personne.
Sure !
Seconde : You shoot all the personne ! Is equitable with tout le monde !
But for me, Kirk, my gun is like my life.
You know, Kirk,
Every balle que je mets dans le fusil,
Is like a poème.
And I shoot a poème to the people and it is the précision of my poème qui tue les gens et c'est pour ça que my photos is fantastic.
And tell me, Nihad, you shoot everybody.
No, Kirk, not everybody…

I imagine that you don't kill children.

Yes, yes, I kill children. No problème. Is like Pigeon, you know.

So ?

No, I don't shoot women like Elizabeth Taylor. Elizabeth Taylor is a strong actrice. I like her very much and I don't want to kill Elizabeth Taylor. So, when I see a women like her, I don't shoot her....

You don't shoot Elizabeth Taylor.

No, Kirk, sure not !

Thank you, Nihad,

Welcome, Kirk.

Nihad se relève, épaule son fusil et tire de nouveau.

34. Chamseddine

Simon et Hermile Lebel devant Chamseddine. Nawal (45 ans).

HERMILE LEBEL. Pour chercher on a cherché ! Va à droite, va à gauche ! Monsieur Chamseddine par-là, monsieur Chamseddine par-ci, pas de réponse ! Vous êtes connu comme Caracas dans la Passion, mais vous n'êtes pas facile à trouver.

CHAMSEDDINE. Tu es Sarwane ?

SIMON. C'est moi.

116

CHAMSEDDINE. Quand j'ai su que ta sœur était dans la région, j'ai dit : »Si Jannaane ne vient pas me voir, alors Sarwane viendra.» Quand j'ai su que le fils de la femme qui chante me cherchait, j'ai compris qu'elle était morte.

NAWAL Quand tu entendras à nouveau parler de moi, je ne serai plus de ce monde.

SIMON. Je cherche le fils qu'elle a eu avant moi.

CHAMSEDDINE. Avant qu'elle ne quitte le pays, je lui avais demandé : «Et ton fils ?»

NAWAL. Il est vivant et perdu. Wahab est vivant et perdu. Je suis vivante et perdue.

SIMON. On m'a dit que vous pouviez m'aider.

CHAMSEDDINE. Je ne peux pas.

SIMON. On m'a dit que vous connaissiez tout le monde.

CHAMSEDDINE. Lui, je ne le connais pas.

SIMON. Il s'appelait Nihad Harmanni.

CHAMSEDDINE. Pourquoi parles-tu de Nihad Harmanni ?

SIMON. Un milicien l'a connu enfant. Ils sont entrés dans la milice ensemble, puis il a perdu sa trace. Il nous a dit : «Chamseddine a dû l'enlever et le tuer.» Il nous a dit que vous écorchiez chaque milicien et chaque soldat étranger que vos hommes attrapaient.

CHAMSEDDINE. T'a-t-il dit que Nihad Harmanni était le fils de la femme qui chante, celui qui est né de son histoire avec Wahab dont jamais personne n'a vu le visage ?

SIMON. Non. Il n'était au courant de rien. La femme qui chante, jamais entendu parler. Il m'a simplement dit que Nihad Harmanni était passé par chez vous.

CHAMSEDDINE. Comment peux-tu dire alors qu'il est le fils de la femme qui chante ?

HERMILE LEBEL. Si je peux me permettre. Je peux vous expliquer. Hermile Lebel, notaire et exécuteur testamentaire de la femme qui chante. Voilà. Monsieur Chamseddine, je peux vous le dire comme ça vient : tous les détails concordent.

CHAMSEDDINE. Raconte !

HERMILE LEBEL. Méchant casse-tête ! On est passés d'abord par le village natal de madame Marwan. Ça nous a conduits à Kfar Rayat. Là, on a suivi plusieurs pistes en fonction des dates d'arrivée à l'orphelinat de quelques garçons. Toni Moubarak, mais c'est pas lui, il a retrouvé ses parents depuis la fin de la guerre, personnage assez désagréable et pas avenant pantoute. Toufic Hallabi, mais c'est pas lui non plus, il fait de très bons shish taouk dans le Nord à côté des ruines romaines, il n'est pas du pays, ses parents sont morts, c'est sa sœur qui l'a mis à l'orphelinat de Kfar Rayat. On a suivi deux autres fausses pistes puis on a fini par en trouver une plus sérieuse. Cette piste nous a menés à une famille Harmanni aujourd'hui décédée. L'épicier nous a parlé de leur enfant adoptif. Nous a dit son nom. Je suis passé voir un collègue, notaire Halabi, fort sympathique, qui s'est occupé des affaires de la famille Harmanni. Il a bien noté que Roger et Souhayla Harmanni, qui ne pouvaient pas avoir d'enfant, avaient adopté, en passant par Kfar Rayat, un garçon qu'ils ont nommé Nihad. L'âge de l'enfant et son arrivée à l'orphelinat concordaient parfaitement avec ce que nous savons de madame Nawal. Mais surtout ce garçon était le seul de nos candidats à avoir été amené à l'orphelinat par celle qui faisait accoucher les femmes du village de madame Nawal. Une certaine Elhame Abdallâh. Après ça, vous comprenez, monsieur Chamseddine, on était pas mal sûrs de notre affaire.

CHAMSEDDINE. Si la femme qui chante a choisi de te faire confiance, c'est que tu es noble et digne. Mais sors. Et laisse-nous seuls.

Hermile Lebel sort.

CHAMSEDDINE. Sarwane, reste avec moi. Écoute-moi. Écoute-moi bien.

35. La voix des siècles anciens

Hermile Lebel et Jeanne.

HERMILE LEBEL. Il n'a toujours pas dit un mot. Il est resté avec Chamseddine et quand il est sorti, Jeanne, votre frère avait le regard de votre mère. Il n'a rien dit de la journée. Ni le lendemain, ni le surlendemain. Il est resté à l'hôtel. Je savais que vous étiez à Kfar Rayat. Je ne voulais pas vous arracher à votre solitude, mais Simon s'est tu, Jeanne, et j'ai peur. On a peut-être trop poussé pour connaître la vérité.

Jeanne et Simon assis l'un en face de l'autre.

SIMON. Jeanne. Jeanne.

JEANNE. Simon !

SIMON. Tu m'as toujours dit que un plus un font deux. Est-ce que c'est vrai ?

JEANNE. Oui… C'est vrai…

SIMON. Tu ne m'as pas menti ?

JEANNE. Mais non ! Un et un font deux !

SIMON. Ça ne peut jamais faire un ?

JEANNE. Qu'est-ce que tu as trouvé, Simon ?

SIMON. Un plus un, est-ce que ça peut faire un ?

JEANNE. Oui.

SIMON. Comment ça ?!

JEANNE. Simon.

SIMON. Explique-moi !

JEANNE. Fuck, c'est pas l'heure de faire des maths, dis-moi ce que tu as trouvé !

SIMON. Explique-moi comment un plus un font un, tu m'as toujours dit que je ne comprenais jamais rien, alors là c'est le temps maintenant ! Explique-moi !

JEANNE. D'accord ! Il y a une conjecture très étrange en mathématiques. Une conjecture qui n'a jamais encore été démontrée. Tu vas me donner un chiffre, n'importe lequel. Si le chiffre est pair, on le divise par deux. S'il est impair, on le multiplie par trois et on rajoute un. On fait la même chose avec le chiffre qu'on obtient. Cette conjecture affirme que peu importe le chiffre de départ, on arrive toujours à un. Donne un chiffre.

SIMON. Sept.

JEANNE. Bon. Sept est impair. On le multiplie par trois rajoute un, ça donne…

SIMON. Vingt-deux.

JEANNE. Vingt-deux est pair, on divise par deux.

SIMON. Onze.

JEANNE. Onze est impair, on le multiplie par trois, on rajoute un :

SIMON. Trente-quatre.

JEANNE. Trente-quatre est pair. On le divise par deux, dix-sept. Dix-sept est impair, on multiplie par trois, on rajoute un, cinquante-deux. Cinquante-deux est pair, on divise par deux, vingt-six. Vingt-six est pair, on divise par deux, treize. Treize est impair. On multiplie par trois, on rajoute un, quarante. Quarante est pair. On divise par deux, vingt. Vingt est pair, on divise par deux, dix, dix est pair, on divise par deux, cinq. Cinq est impair, on multiplie par trois, on rajoute un, seize. Seize est pair, on divise par deux, huit, huit est pair, on divise par deux, quatre, quatre est pair, on divise par deux, deux, deux est pair, on divise par deux, un. Peu importe le chiffre de départ, on arrive à… Non !

SIMON. Tu te tais. Comme je me suis tu quand j'ai compris. J'étais dans la tente de Chamseddine, et dans sa tente j'ai vu le silence venir tout noyer. Hermile Lebel est sorti. Chamseddine s'est approché de moi.

CHAMSEDDINE. Sarwane, ce n'est pas le hasard qui t'a conduit à moi. Ici, il y a l'esprit de ta mère, l'esprit de Sawda. L'amitié des femmes comme une étoile dans le ciel. Un jour, un homme est venu vers moi. Il était jeune et fier. Imagine-le. Tu le vois ? C'est ton frère. Nihad. Il cherchait un sens à sa vie. Je lui ai dit de se battre pour moi. Il a dit oui. Il a appris à manier les armes. Un grand tireur. Redoutable. Un jour, il est parti. Où vas-tu ? lui ai-je demandé.

NIHAD. Je vais au nord !

CHAMSEDDINE. Et la cause des gens d'ici ? Les réfugiés ? Le sens de ta vie ?

NIHAD. Pas de cause, pas de sens !

CHAMSEDDINE. Il est parti. Je l'ai aidé un peu. Je l'ai fait surveiller. J'ai fini par comprendre qu'il tentait de retrouver sa mère. Il l'a cherchée des années, sans trouver. Alors il s'est mis à rire à propos de rien. Plus de cause, plus de sens, il est devenu franc-tireur. Il collectionnait les photos. Nihad Harmanni. Une vraie réputation d'artiste. On l'entendait chanter. Machine à tuer. Puis il y a eu l'invasion du pays par l'armée étrangère. Ils sont montés jusqu'au Nord. Un matin, ils l'ont attrapé. Il avait tué sept de leurs tireurs. Il les avait visés dans l'œil. La balle dans leurs lunettes. Ils ne l'ont pas tué. Ils l'ont gardé, ils l'ont formé, ils lui ont donné un travail.

SIMON. Quel travail ?

CHAMSEDDINE. Dans une prison qu'ils venaient de construire, dans le Sud, à Kfar Rayat. Ils cherchaient un homme pour s'occuper des interrogatoires.

SIMON. Il a donc travaillé avec Abou Tarek, mon père ?

CHAMSEDDINE. Non, ton frère n'a pas travaillé avec ton père. Ton frère est ton père. Il a changé son nom. Il a oublié Nihad. Il est devenu Abou Tarek. Il a cherché sa mère, l'a trouvée mais ne l'a pas reconnue. Elle a cherché son fils, l'a trouvé et ne l'a pas reconnu. Il ne l'a pas tuée car elle chantait et il aimait sa voix. Le ciel tombe, Sarwane. Tu comprends bien : il a torturé ta mère et ta mère, oui, fut torturée par son fils et le fils a violé sa mère. Le fils est le père de son frère, de sa sœur. Tu entends ma voix, Sarwane ? On dirait la voix des siècles anciens. Mais non, Sarwane, c'est d'aujourd'hui que date ma voix. Et les étoiles se sont tues en moi une seconde, elles ont fait silence lorsque tu as prononcé le nom de Nihad Harmanni tout à l'heure. Et je vois que les étoiles font silence à leur tour en toi. En toi le silence, Sarwane, celui des étoiles et celui de ta mère. En toi.

NIHAD. Je ne conteste rien de tout ce qui a été dit à mon procès au cours de ces années. Les gens qui ont dit que je les ai torturés, je les ai torturés. Et ceux qu'on m'accuse d'avoir tué, je les ai tués. Je veux d'ailleurs les remercier car ils m'ont permis de réaliser des photos d'une très grande beauté. Ceux que j'ai giflés et celles que j'ai violées avaient toujours un visage plus émouvant après la gifle et après le viol, qu'avant la gifle et qu'avant le viol. Mais l'essentiel, ce que je veux dire, c'est que le procès que vous m'avez fait fut ennuyeux, endormant, mortel. Pas assez de musique. Alors je vais vous chanter une chanson. Je dis ça parce qu'il faut sauver la dignité. Ce n'est pas moi qui le dis, c'est une femme, celle qu'on appelait la femme qui chante. Hier, elle est venue, face à moi, me parler de dignité. Sauver ce qui nous restait de dignité. J'ai réfléchi, et je me suis dit qu'elle n'avait pas tout à fait tort. Que ce procès était d'un ennui ! Sans rythme et sans aucun sens du spectacle. Le spectacle, moi, c'est ça ma dignité. Et depuis le début. Je suis né avec. On l'a trouvé, paraît-il, dans le seau où on m'a déposé après ma naissance. Les gens qui m'ont vu grandir m'ont toujours dit que cet objet était une trace de mes origines, de ma dignité en quelque sorte, puisque, d'après l'histoire, il m'a été donné par ma mère. Un petit nez rouge. Un petit nez de clown. Qu'est-ce que ça veut dire ? Ma dignité à moi est une grimace laissée par celle qui m'a donné la vie. Cette grimace ne m'a jamais quitté. Laissez-moi la porter alors et vous chanter une chanson de mon cru, pour sauver la dignité du terrifiant petit ennui.

Il pose le nez de clown. Il chante.
Nawal (15 ans) accouche de Nihad.
Nawal (45 ans) accouche de Jeanne et Simon.
Nawal (60 ans) reconnaît son fils.
Jeanne, Simon et Nihad sont tous trois ensemble dans la même pièce.

36. Lettre au père

Jeanne donne l'enveloppe à Nihad. Nihad ouvre
l'enveloppe.
Nawal (65 ans) lit.

NAWAL. Je vous écris en tremblant.
Les mots, je les voudrais enfoncés dans votre cœur
de bourreau.
J'appuie sur mon crayon et j'y inscris chaque
lettre.
En ayant en mémoire les noms de tous ceux qui
ont expiré sous vos mains.
Ma lettre ne vous étonnera pas.
Elle n'est là que pour vous dire voilà :
Votre fille et votre fils sont en face de vous.
Les enfants que nous avons eus ensemble sont
devant vous.
Que leur direz-vous ? Leur chanterez-vous une
chanson ?
Ils savent qui vous êtes.
Jannaane et Sarwane.
Tous deux fils et fille du bourreau et nés de
l'horreur.
Regardez-les.
La lettre vous a été remise par votre fille.
À travers elle, je veux vous dire que vous êtes
encore vivant.
Bientôt vous vous tairez.
Je le sais.
Le silence est pour tous devant la vérité.

La femme qui chante
Pute n° 72
Cellule n° 7
À la prison de Kfar Rayat.

Nihad finit la lecture de la lettre. Il regarde Jeanne et Simon. Il déchire la lettre.

37. Lettre au fils

Simon donne son enveloppe à Nihad, qui l'ouvre.

NAWAL. Je t'ai cherché partout.
Là-bas, ici, n'importe où.
Je t'ai cherché sous la pluie,
Je t'ai cherché au soleil
Au fond des bois
Au creux des vallées
En haut des montagnes
Dans les villes les plus sombres
Dans les rues les plus sombres
Je t'ai cherché au sud,
Au nord,
À l'est,
À l'ouest,
Je t'ai cherché en creusant sous la terre pour y enterrer mes amis morts,
Je t'ai cherché en regardant le ciel,
Je t'ai cherché au milieu des nuées d'oiseaux

Car tu étais un oiseau.
Et qu'y a-t-il de plus beau qu'un oiseau,
Qu'un oiseau plein d'une inflation solaire ?
Qu'y a-t-il de plus seul qu'un oiseau,
Qu'un oiseau seul au milieu des tempêtes
Portant aux confins du jour son étrange destin ?
À l'instant, tu étais l'horreur.
À l'instant tu es devenu le bonheur.
Horreur et bonheur.
Le silence dans ma gorge.
Tu doutes ?
Laisse-moi te dire.
Tu t'es levé
Et tu as sorti ce petit nez de clown.
Et ma mémoire a explosé,
Ne tremble pas.
Ne prends pas froid.

Ce sont des mots anciens qui viennent du plus loin
de mes souvenirs.
Des mots que je t'ai si souvent murmurés.
Dans ma cellule,
Je te racontais ton père.
Je te racontais son visage,
Je te racontais ma promesse faite au jour de ta
naissance.
Quoi qu'il arrive je t'aimerai toujours,
Quoi qu'il arrive je t'aimerai toujours
Sans savoir qu'au même instant, nous étions toi
et moi dans notre défaite
Puisque je te haïssais de toute mon âme.

Mais là où il y a de l'amour, il ne peut y avoir de haine.

Et pour préserver l'amour, aveuglément j'ai choisi de me taire.

Une louve défend toujours ses petits.

Tu as devant toi Jeanne et Simon.

Tous deux tes frère et sœur

Et puisque tu es né de l'amour,

Ils sont frère et sœur de l'amour.

Écoute

Cette lettre je l'écris avec la fraîcheur du soir.

Elle t'apprendra que la femme qui chante était ta mère

Peut-être que toi aussi te tairas-tu.

Alors sois patient.

Je parle au fils, car je ne parle pas au bourreau.

Sois patient.

Au-delà du silence,

Il y a le bonheur d'être ensemble.

Rien n'est plus beau que d'être ensemble.

Car telles étaient les dernières paroles de ton père.

Ta mère.

Nihad finit de lire la lettre. Il se lève.

Jeanne et Simon se lèvent et lui font face.

Jeanne déchire toutes les pages de son carnet de notes.

38. Lettre aux jumeaux

Hermile Lebel ouvre la troisième enveloppe destinée aux jumeaux.

HERMILE LEBEL. Le temps se couvre. Il va pleuvoir, c'est sûr, c'est sûr, c'est sûr. Vous ne voulez pas rentrer ? Remarquez, je vous comprends. À votre place je ne rentrerais pas. C'est un beau parc par ici. Dans son testament, votre mère vous réservait une lettre si vous vous acquittiez de ce qu'elle vous demandait. Vous vous en êtes acquittés grandement. Il va pleuvoir. Dans son pays il ne pleut jamais. On va rester ici. Ça va nous rafraîchir. Voici la lettre.

Simon ouvre l'enveloppe.

NAWAL. Simon,
Est-ce que tu pleures ?
Si tu pleures ne sèche pas tes larmes
Car je ne sèche pas les miennes.
L'enfance est un couteau planté dans la gorge
Et tu as su le retirer.
À présent, il faut réapprendre à avaler sa salive.
C'est un geste parfois très courageux.
Avaler sa salive.
À présent, il faut reconstruire l'histoire.
L'histoire est en miettes.
Doucement
Consoler chaque morceau
Doucement

130

Guérir chaque souvenir
Doucement
Bercer chaque image.

Jeanne,
Est-ce que tu souris ?
Si tu souris ne retiens pas ton rire
Car je ne retiens pas le mien.
C'est le rire de la colère
Celui des femmes marchant côte à côte

Je t'aurais appelée Sawda
Mais ce prénom encore dans son épellation
Dans chacune de ses lettres
Est une blessure béante au fond de mon cœur.
Souris, Jeanne, souris
Notre famille,
Les femmes de notre famille, nous sommes en-
gluées dans la colère.
J'ai été en colère contre ma mère
Tout comme tu es en colère contre moi
Et tout comme ma mère fut en colère contre sa
mère.
Il faut casser le fil,
Jeanne, Simon,
Où commence votre histoire ?
À votre naissance ?
Alors elle commence dans l'horreur.
À la naissance de votre père ?
Alors c'est une grande histoire d'amour.
Mais en remontant plus loin,

Peut-être que l'on découvrira que cette histoire
d'amour
Prend sa source dans le sang, le viol,
Et qu'à son tour,
Le sanguinaire et le violeur
Tient son origine dans l'amour.
Alors,
Lorsque l'on vous demandera votre histoire,
Dites que votre histoire, son origine,
Remonte au jour où une jeune fille
Revint à son village natal pour y graver le nom
de sa grand-mère Nazira sur sa tombe.
Là commence l'histoire.
Jeanne, Simon,
Pourquoi ne pas vous avoir parlé ?
Il y a des vérités qui ne peuvent être révélées qu'à
la condition d'être découvertes.
Vous avez ouvert l'enveloppe, vous avez brisé
le silence
Gravez mon nom sur la pierre
Et posez la pierre sur ma tombe.
Votre mère.

SIMON. Jeanne, fais-moi encore entendre son
silence.

*Jeanne et Simon écoutent le silence de leur
mère.*
Pluie torrentielle.

Incendies

POSTFACE

Charlotte Farcet

L'OPACITÉ DES PLANCHERS
ET LA TRANSPARENCE DES PLAFONDS

Lorsque Wajdi Mouawad est invité à être l'artiste associé du Festival d'Avignon en 2009, Vincent Baudriller et Hortense Archambault lui proposent de réfléchir avec eux à une question : celle de la narration. Son esprit se met en marche pour tenter de comprendre ce que cette question implique ou indique, au-delà d'elle-même. « Il arrive parfois que l'on croie poser une question sans se rendre compte que l'on en pose une autre, de nature différente[1] », leur écrit-il. Au fil de son cheminement, deux nouvelles questions lui apparaissent, l'une après l'autre, la seconde le conduisant à la troisième ou la troisième se cachant derrière la seconde, deux questions enchâssées dans la première, celle de la narration, comme les trois côtés d'un triangle : « Peut-on encore consoler notre époque[2] ? » « Est-ce que la véritable question du Festival 2009 ne serait pas plutôt celle du charnier[3] ? »

Sans s'en rendre compte, peut-être, Wajdi Mouawad trace une ligne entre histoire et Histoire, incertaine,

---

1. Wajdi Mouawad, Hortense Archambault, Vincent Baudriller, *Voyage pour le Festival d'Avignon 2009,* POL Festival d'Avignon, 2009, p. 15-16.
2. *Ibid.*, lettre écrite le 30 juin 2007, p. 12.
3. *Ibid.*, lettre écrite le 6 juillet 2007, p. 17.

interrogative, qui révèle ce qui habite son geste et lui échappe tout à la fois. Une ligne qui interpelle les historiens eux-mêmes, frappés par « sa volonté têtue d'interroger sur scène les brutalités du monde contemporain, tel qu'il a été façonné par la violence démesurément meurtrière des guerres qui ont émaillé le long XXe siècle[4] ». Il est en effet impossible de ne pas entendre dans les histoires de Wajdi Mouawad l'écho de l'Histoire ; guerre civile libanaise, Première Guerre mondiale, Seconde Guerre mondiale, chute du mur de Berlin hantent ses pièces.

Incendies, pièce la plus « réaliste » du quatuor *Le Sang des promesses* selon le sentiment même de l'auteur, invite à interroger ce lien. Elle est née d'un nom, héritage de la guerre civile libanaise, entendu pour la première fois en 2000 : Khiam. Si la question posée à *Littoral* lui était adressée, « Comment tout cela a-t-il commencé[5] ? », assurément elle prononcerait ce nom. Un nom par lequel Wajdi Mouawad découvre une partie de l'Histoire de son pays et son ignorance, un nom qui le ramène au plancher de sa vie et à son inconsolable chagrin. *Incendies* coïncide avec l'instant où le rapport à l'Histoire de Wajdi Mouawad, déjà présent dans ses pièces mais jusque-là intuitif, devient conscient. Rencontrant Khiam, il comprend l'aveuglement dont il a hérité. Il ressent le désir d'apprendre, de comprendre – autant que cela lui est possible. Son rapport à l'Histoire grandit, sans se transformer pour autant ; il s'agit de mieux connaître son « adversaire », pourrait-on dire,

---

4. *Annales, Histoire, Sciences sociales,* Éditions de l'E.H.E.S.S., « Comptes rendus. Fictions », 2010/2, p. 550-553.
5. Cette question est le fil directeur choisi pour la postface de *Littoral*, Leméac/Actes Sud, Babel n° 1017, p. 151.

pour ne pas se méprendre et succomber aux tentations de la facilité.

En aucun cas son théâtre n'est historique. Ni historique, ni documentaire, *Incendies* s'ancre tout entier dans la fiction. Mais quel est le chemin suivi par l'Histoire ? Pourquoi les mots « charnier » et « consolation » apparaissent-ils à l'intersection de l'histoire et de l'Histoire ? Pourquoi poser la question de l'Histoire est-ce poser une autre question : celle de la poésie ?

Incendies offre des réponses à ces questions ; nous la suivrons donc, remontant le fil de son origine[6].

KHIAM

Josée Lambert

En janvier 2001, Wajdi Mouawad invite Josée Lambert à un « lundiduda ». Ces « lundis du directeur artistique » convient, une fois par mois, un artiste – peintre, chanteur, danseur, poète – à venir présenter un spectacle dans le décor de la pièce en cours de représentation au Théâtre de Quat'Sous. Pour Josée Lambert, *Le mouton et la baleine* d'Ahmed Ghazali. Cette invitation est née de leur rencontre et de la « tempête émotive »[7] qu'elle a provoquée en lui.

Josée Lambert est Québécoise et photographe, photographe engagée, « utilis[ant] son appareil photo

---

6. Afin d'éviter toute confusion, par simple commodité donc, nous conserverons au long de cette postface sa majuscule à l'« Histoire » et sa minuscule à l'« histoire ».

7. *Le Sang des promesses*, Actes Sud/Leméac, 2009, p. 38.

comme un charbon ardent[8] ». En 1995, elle parcourt pour la troisième fois le Liban et découvre les blessures laissées par les quinze années de conflit fratricide. Alors qu'elle accompagne un journaliste de Télé-Liban, Rachid Fahs, à Kfar Teblit, un village du Liban-Sud, elle pénètre dans un bus de la Croix-Rouge de retour d'un centre de détention. Une femme s'y trouve, qui a rendu visite pour la seconde fois à sa fille, détenue depuis sept ans. Josée Lambert ignore encore tout de son histoire mais elle est frappée par son visage et par intuition le saisit dans l'objectif de son appareil. Cette prison s'appelle Khiam et cette femme Najat Bechara. Cette photographie est la première d'une longue série sur les détenus du Liban-Sud.

Lorsqu'il rencontre Josée Lambert, Wajdi Mouawad n'a jamais entendu parler de Khiam. Il écoute attentivement ce que la photographe raconte : Khiam est une ancienne caserne française transformée en base de l'armée libanaise, avant d'être annexée par les Israéliens pendant la guerre. En 1985, elle devient un centre de détention clandestin, placé sous le commandement de l'Armée du Liban-Sud (ALS), milice supplétive de l'armée israélienne qui occupe depuis 1978 cette zone frontalière et craint les liens entre Libanais et réfugiés palestiniens. Pendant la guerre, plusieurs milliers de Libanais et de Palestiniens, hommes et femmes, sont arrêtés et emprisonnés à Khiam sans procès, souvent arbitrairement, sur simples soupçons ou par volonté

---

8. Présentation de Josée Lambert à l'occasion du lundiduda, archives personnelles de Wajdi Mouawad. Inédit.

de pression[9]. Lorsque Israël se retire en mai 2000, la prison est abandonnée.

Au cours de ses voyages, Josée Lambert a rencontré de nombreuses familles de prisonniers, photographiant père, mère, frère et enfant, avant de découvrir plus tard le visage de l'absent, enfin libéré.

Elle rapporte à Wajdi Mouawad les mots de ceux et celles qu'elle a rencontrés, jusqu'au moindre détail : les conditions de détention, les cellules d'isolement, les interrogatoires des mois durant, la torture à l'électricité ; l'arrestation fréquente des proches du prisonnier et leur torture devant lui, mère devant fille, grand-mère devant petite-fille, père devant fils, frère devant frère ; le cri désespéré des femmes plus âgées que leur tortionnaire, libanais comme elles : « Comment peux-tu faire cela ? Je pourrais être ta mère. » Elle parle de Souha Bechara et de son geste, à l'âge de 21 ans, deux balles tirées sur Antoine Lahad, chef de l'ALS, qui l'ont conduite à Khiam et à dix ans de détention, dont six en cellule d'isolement. Wajdi Mouawad savait qu'on avait essayé de tuer Antoine Lahad, mais ignorait qui était l'auteur de ce geste.

Josée Lambert lui apprend l'exil des bourreaux et la présence de l'un d'eux à Montréal. Elle a constitué sur lui un dossier et collecté toutes les informations nécessaires à son arrestation ; cet homme est, selon le droit humanitaire international, coupable de crimes contre l'humanité ; la justice canadienne reste pourtant inerte.

---

9. Entre 2000 et 5000 personnes ont été emprisonnées. Le premier chiffre est celui de la Croix-Rouge, correspondant aux seules informations accessibles. Il ne tient pas compte des personnes détenues pour de courtes périodes.

Josée Lambert a recueilli, au fil de ses voyages, de nombreux témoignages et parmi eux certains lourds à porter : « des histoires sans issue », « [ses] histoires en terrain miné[10] ». Son rapport devenu de plus en plus compliqué avec les journalistes, elle a décidé de ne plus prendre certaines photographies, pour qu'elles ne soient ni détournées ni trahies. Ces absentes frappent Wajdi Mouawad et c'est elles qu'il l'invite à « exposer » sur scène.

Le soir du 29 janvier, Josée Lambert raconte donc l'une de ces histoires, celle de *Diane et Jean*[11].

> J'ai longtemps hésité à raconter cette histoire. Parce que Diane m'a fait promettre de garder le secret. J'ai même l'impression de la trahir en ce moment. Il y a des sujets tabous dans le pays d'origine de Diane et Jean et c'est ce qui fait la force de Jean. […] Diane et Jean viennent d'un petit territoire appelé le Liban-Sud. Un petit bout de territoire occupé pendant vingt-deux ans par l'armée israélienne[12].

Diane, un jour, avait prévu de rendre visite à des amis à Beyrouth, c'est-à-dire en dehors du territoire occupé. Au poste frontière, cette fois-là, elle se fait interroger plus que d'habitude et l'interrogatoire tourne mal. Elle est arrêtée et incarcérée à Khiam.

Les premiers jours, elle est torturée à l'électricité. On la soupçonne d'avoir fourni des informations à la résistance. Puis elle rencontre « Jean », qui lui ordonne d'écrire la déclaration suivante :

> Je, soussignée Diane, déclare que je ne suis pas vierge. Cet état de fait est dû à des relations que j'ai eues avant

---

10. Josée Lambert, *On les disait terroristes sous l'occupation du Liban-Sud,* Éditions Sémaphore, 2004, p. 101.

11. *Ibid.*, *Diane et Jean*, p. 97-115.

12. *Ibid.*, p. 101-103.

mon arrestation et non à cause d'événements survenus lors de ma détention à Khiam[13].

Le lendemain, elle apprend l'arrestation de sa grand-mère. Dans une pièce voisine, elle l'entend se faire torturer. Jean la fait venir à son bureau et lui dit que si elle se montre conciliante, il sera clément envers sa grand-mère. Commence alors une longue période de viols, auxquels Diane ne peut opposer de résistance.

Après plusieurs mois, la grand-mère de Diane est libérée. Jean se lassera de Diane et elle sera à son tour relâchée.

> Diane n'est pas la seule femme à avoir été violée à Khiam. Mais elle est une des rares à avoir osé en parler, ne serait-ce qu'en secret. En réalité, la majorité des femmes détenues là-bas nient qu'il y ait eu des agressions sexuelles. [...] Pour ne pas être marginalisées, ou pour ne pas jeter la honte sur leur famille, les femmes choisissent le silence. [...] Le silence des femmes était et demeure la force de Jean. Ça, Jean le savait très bien. Et je pense que Jean continue d'une certaine façon à occuper le corps de ces femmes[14].

Le soir où Josée Lambert lit ce texte, Wajdi Mouawad se trouve dans les coulisses. Depuis leur rencontre, il est hanté par Khiam et son ignorance : il y a toute une part de son pays, tout un pan de son Histoire, qu'il ne connaît pas, dont nul ne lui a réellement parlé et à laquelle lui-même ne s'est jamais vraiment intéressé. Part noire et sanglante, faite de déchirements et de trahisons, qui s'ajoute à une addition déjà longue. Khiam le ramène au «plancher» de sa vie; longtemps il s'est senti coupable de n'avoir pas vécu la guerre, il

---

13. *Ibid.*, p. 107.
14. *Ibid.*, p. 111.

entrait dans un rapport comptable, quatre ans de guerre sur vingt-cinq ne valaient rien, il les annulait. Pourtant la guerre a décidé de son parcours. Pourquoi parle-t-il et écrit-il en français ? Pourquoi vit-il au Québec ? Pourquoi sa mère est-elle enterrée dans la terre glacée de Montréal ? « Parce qu'il y a eu la guerre et qu'on a quitté le Liban[15] ». Lorsqu'il interroge chaque fragment de son existence, il se heurte inéluctablement à cette phrase. « Si cette phrase n'avait pas existé, actuellement je parlerais l'arabe, je vivrais à Beyrouth… Or ce qui a entraîné ce que je suis devenu est un événement historique de grande ampleur, la guerre civile du Liban, qui fait elle-même partie d'une histoire d'encore plus grande ampleur qui est celle du conflit continu au Proche-Orient depuis soixante ans[16] ». Ainsi est-il contraint de reconnaître son lien à cette Histoire. Khiam ravive son sentiment de culpabilité, en révélant l'épaisseur, la brutalité de ce plancher : les lattes qu'il voyait en cachaient d'autres et le sol est plus dur encore qu'il ne le pensait.

Il lui devient donc impossible de ne pas savoir. La guerre est depuis longtemps le laboratoire de son écriture, *Willy Protagoras enfermé dans les toilettes*, *Journée de noces chez les Cromagnons*, *Littoral* sont hantés par elle, mais de façon intuitive, spontanée. Cette rencontre le déplace par le vertige qu'elle crée en lui, elle lui révèle la nécessité de lire, d'apprendre, de comprendre, cette nécessité dont Nawal sera l'héritière et l'émissaire.

Il sent aussi autre chose : Khiam ne le bouleverse pas seulement, elle l'appelle, le regarde. Et ce soir-là,

---

15. *Voyage*, *op. cit.*, p. 64.
16. *Ibid.*, p. 65.

justement, alors qu'il écoute l'histoire de Diane et Jean depuis la coulisse étroite du Quat'Sous, une phrase le retraverse dans une fulgurance : « Comment peux-tu faire cela ? Je pourrais être ta mère. » Dans l'obscurité de la coulisse, lui apparaît une histoire, celle d'une femme torturée et violée par son propre fils.

Randa Chahal

Dès lors, tout se met en marche : en même temps qu'il construit son histoire, Wajdi Mouawad plonge dans l'Histoire du Liban. Il « laisse la réalité [l']envahir, pour faire naître la fiction[17] », tentant d'en savoir plus sur le Sud, Khiam et Souha Bechara.

Mireille Lacroix, attachée culturelle au consulat général du Québec en France, le conduit à un film documentaire réalisé par une Libanaise vivant à Paris, Randa Chahal Sabbag. Née en 1953 à Tripoli, dans une famille sunnite, de parents marxistes, Randa Chahal Sabbag est arrivée en France dans les années 1970, pour étudier le cinéma à l'École Louis-Lumière. Son œuvre se compose de fictions et de documentaires, elle a réalisé deux longs métrages, *Écran de sable* et *Civilisés*, et plusieurs documentaires, *Pas à pas* (1978), consacré à la guerre civile au Liban, *Cheikh Imam* (1984), sur un chanteur égyptien, *Nos guerres imprudentes* (1995) et *Souha, survivre à l'enfer* (2000).

Wajdi Mouawad décide de lui écrire.

---

17. *Le Sang des promesses*, *op. cit.*, seconde lettre de Wajdi Mouawad écrite à Randa Chahal Sabbag, p. 36.

Montréal, vendredi 11 mai 2001

Madame Sabbag,

Je m'appelle Wajdi Mouawad. Je suis auteur et metteur en scène pour le théâtre. Mon nom vous indiquera assurément des origines communes aux vôtres, mais j'ose croire que nos points de rencontre se situent davantage dans cette nécessité de dire, de témoigner, de hurler.

J'ai eu vos coordonnées par l'entremise de Mireille Lacroix ; et si je vous écris, c'est pour vous dire que je serais extrêmement heureux si nous pouvions nous parler, ou nous écrire, peu importe. Lorsque Mireille m'a dit que vous aviez tourné un film documentaire sur les femmes prisonnières dans cet ancien centre carcéral situé au sud du Liban, je suis resté un peu sonné. Car je travaille sur un texte qui s'appuie sur ces macabres événements. Or, mon travail se situe en plein territoire de la fiction. Je n'ai aucun document, aucune histoire qui puisse me provoquer. Or, lorsque Mireille m'a parlé de vous et de votre travail, j'ai eu le sentiment que vous pourriez, peut-être en me permettant de voir vos films et en acceptant d'échanger avec moi, m'aider à aller encore plus loin dans l'écriture du spectacle.

Voilà.

Je joins à ce petit mot un document qui décrit l'histoire sur laquelle je travaille actuellement. J'espère que vous ne trouvez pas ma démarche trop indélicate et soyez certaine que je vous écris avec cœur et respect.

Bien à vous,

Wajdi Mouawad[18]

Randa Chahal Sabbag répond avec amitié et lui envoie une copie de son film. Elle a rencontré Souha Bechara à Paris en 1998, pensant recueillir son témoignage pour mémoire ; en l'écoutant, elle a compris la nécessité de

---

18. Archives personnelles de Wajdi Mouawad. Inédit.

réaliser un film. Wajdi Mouawad découvre les murs de Khiam et le visage, la voix, la rigueur, la simplicité de Souha Bechara. Le film suit ses retrouvailles avec des prisonniers dont elle n'a jamais vu les visages, mais seulement entendu les voix, comme eux avaient entendu et aimé la sienne, parce qu'elle chantait.

La jeune femme a le même âge que Wajdi Mouawad, mais parle encore l'arabe et a vécu la guerre. Elle est, d'une certaine façon, ce qu'il aurait pu être s'il n'avait pas quitté le Liban : un possible, un jumeau.

Quelques semaines plus tard, Wajdi Mouawad se rend en France et profite de cette occasion pour rencontrer Randa Chahal Sabbag. Ils parlent longuement du tournage et à l'issue de cet entretien, elle lui propose naturellement de rencontrer Souha ; bien sûr, il accepte.

SOUHA BECHARA

Le film de Randa Chahal est introuvable. Mais Souha Bechara a écrit un livre, *Résistante*[19], qui permet de découvrir son parcours. Wajdi Mouawad n'a pas lu ce livre, presque par prudence, pour laisser flotter son imaginaire, se laisser guider par l'intuition et ne pas être happé par le biographique. La lecture de ce livre en est d'autant plus troublante, car il existe entre *Incendies* et la vie de Souha Bechara d'étonnantes coïncidences.

Souha Bechara est née le 15 juin 1967. Sa famille vient d'un village chrétien du Sud-Liban, Deir Mimas, paradis dans lequel elle passe ses étés. Ses souvenirs ressemblent à ceux de Wajdi Mouawad : un jardin dans

---

19. *Résistante*, Souha Bechara, © Éditions JC Lattès, 2000.

lequel ils plantaient et ramassaient fruits et légumes à profusion, aubergines, thym, courgettes, olives[20]. Elle est la dernière enfant d'une famille de quatre. Son père, communiste et syndicaliste, est dactylographe-typographe ; tout au long de la guerre, il travaillera pour une imprimerie qui assure la publication de l'organe officiel des communistes, *L'Appel* ; il ne parle cependant jamais de son engagement. Sa mère, dont l'autorité prime, fait tout pour contenir la politique à l'extérieur de la maison.

La guerre éclate lorsqu'elle a huit ans ; en 1978, trois ans plus tard, le Liban-Sud est envahi par l'armée israélienne. Son éducation militante trouve alors un chemin : désormais Souha passe ses vacances chez son oncle et sa tante, ouvertement engagés. Son oncle, frère de son père, Nayef, travaille également à l'imprimerie et sa femme, Naouale, milite dans l'Union des femmes : « Ce fut ainsi, au contact de Nayef, le militant, et de Naouale, la féministe, dans le désordre de la guerre, que je découvris le débat, les idéaux, la notion d'engagement »[21]. Mais à l'image de son père, elle adopte la plus grande discrétion, ne laissant rien paraître de ses idées.

Souha est une élève active, sportive, énergique. Douée en mathématiques, elle donne très jeune des leçons privées qui lui permettent une forme d'indépendance. Élève à Fakhr el-Dine, « caisse de résonance de tous les débats publics qui agitent le pays[22] », elle est élue porte-parole de sa classe et commence à militer au

---

20. Le jardin est notamment évoqué dans *Seuls*, Leméac/Actes Sud, 2008.

21. *Résistante, op. cit.*, p. 28. Le prénom de cette tante, que Wajdi Mouawad ignorait, frappe par sa coïncidence.

22. *Ibid.*, p. 32.

même moment – elle n'a que douze ans – à l'Union des jeunes démocrates. Grandissant, elle propose son aide à des dispensaires accueillant des blessés, assure des permanences dans un poste de secours et découvre chaque jour davantage les réalités de la guerre. «La guerre est folle», écrira-t-elle. «Au Liban comme ailleurs elle a ses logiques et ses biais pervers[23]». Les forces en présence sont innombrables – droite et gauche libanaises, éclatées en multiples milices, Israéliens, Palestiniens, Syriens; des alliances contre nature, des querelles internes alimentent le quotidien; des crimes sont commis par tous. «Acteurs de la guerre civile, les partis se révèlent tous décevants, focalisés sur des détails, développant une énergie incroyable pour des broutilles alors que l'essentiel paraît ailleurs[24].»

Pour Souha Bechara, «l'essentiel» est la défense du Liban, c'est pourquoi elle se sent proche des communistes. Ce qui l'attire dans l'idéal de ce parti n'est pas la lutte des classes mais l'idée de nation, qui va à l'encontre du découpage confessionnel de la société libanaise. «L'essentiel» est donc de sauvegarder l'unité, contre l'occupant étranger.

Son engagement se radicalise en 1982, année de l'opération israélienne «Paix en Galilée» et du massacre de Sabra et Chatila. Elle a alors quinze ans et veut passer à l'action, prête à sacrifier sa vie pour la cause qu'elle défend, elle pourtant pacifiste de cœur.

Son entrée en résistance est pour les autres imperceptible. Elle se lie au Front de la résistance libanaise et se voit confier la quête de renseignements en zone

---

23. *Ibid.*, p. 49.
24. *Ibid.*, p. 55.

occupée. Elle fait de nombreux allers-retours entre Beyrouth et le Sud, prétextant une relation amoureuse. Peu à peu, ses objectifs se resserrent autour de l'ALS, d'Antoine Lahad et des Israéliens. Elle participe à des fêtes, des cérémonies, jouant la jeune fille désintéressée par la politique, gaie, vivante, sportive. Elle dit souhaiter travailler et apprend que la femme d'Antoine Lahad cherche un professeur d'éducation physique. L'occasion est trouvée, elle est engagée, et quelques semaines plus tard, le 7 novembre 1988, elle tire deux balles sur Antoine Lahad.

Souha Bechara est arrêtée, conduite en Israël pour être interrogée, puis ramenée au Liban et incarcérée à Khiam, «l'enfer sans nom et sans existence[25]». Elle sera torturée pendant trois mois et soumise à un traitement, pendant les dix années suivantes, d'une grande dureté, se montrant elle-même toujours inflexible. Dans son livre, elle raconte les conditions effroyables de détention : le froid de l'hiver et la chaleur étouffante de l'été ; l'insalubrité des lieux ; la maladie ; les cris des hommes et des femmes torturés ; la faim ; l'inactivité. Elle passe près de six ans en cellule d'isolement, souvent menottée. Elle parle de la nécessité de s'occuper, en gardant son corps vivant – elle marche ainsi plusieurs kilomètres dans sa minuscule cellule chaque jour – ou en créant de minuscules objets, à partir de ficelles, de noyaux d'olives, de savon ou de pain. «Créer, c'[était] enfin conquérir une liberté d'expression, dire ce que l'on pens[ait] alors que tout autour de nous nous invit[ait] à nous taire et à oublier qui nous [étions][26]». Écrire a

25. *Ibid.*, p. 121.
26. *Ibid.*, p. 156.

pour elle été un salut. Un morceau d'aluminium lui servait de stylo, des cartons de fromage, de papier. Écrire des lettres, des mots, mais aussi et surtout des poèmes, des récits.

Au cours de sa détention, Souha Bechara a noué une amitié très forte avec une jeune Palestinienne, Kifah, libérée en 1994. Elle, sera libérée en 1998.

Lorsqu'il se rend chez Randa Chahal pour rencontrer Souha Bechara, Wajdi Mouawad ne connaît donc pas chaque détail de ce parcours, mais il est imprégné de son geste et de Khiam. Il entre dans un magnifique appartement et découvre Souha, jeune femme menue qui ressemble à toutes ses cousines. Il est frappé par son regard, où rien ne dit ce qui a été vécu ; son visage paraît sans peine, sans cicatrice, ni ombre, ni paupières mi-closes ; une stupéfiante simplicité.

La rencontre ressemble à un déjeuner de famille, joyeux, insouciant, où l'on discute de tout et de rien. Souha ne parle pas d'elle, ou à peine. Wajdi Mouawad ne lui pose aucune question, mais il a besoin de lui raconter l'histoire qu'il porte et d'entendre sa réaction.

Il explique qu'il y a quelques mois à peine, il ne savait rien de Khiam. Longtemps il a vécu dans l'ignorance et il a été sidéré d'apprendre que ses bourreaux vivaient désormais au Canada, dans le même pays que lui. Dans l'enfer de Khiam, une histoire lui est apparue : une très jeune fille, presque encore une enfant, aime éperdument un jeune homme et tombe enceinte : son enfant lui est enlevé. Elle fuit son village, apprend à lire, à écrire, devient journaliste. La guerre éclate, une armée étrangère envahit le pays et la jeune femme entre en résistance. Un jour, à l'occasion d'une opération clandestine, elle est arrêtée, envoyée en prison, torturée, et pendant que les autres sont torturées, elle chante. Ce qui lui vaut son nom : la femme qui chante. Dans cette prison, elle est violée à de multiples reprises par le même homme et tombe enceinte. Elle met au monde une fille. Lorsqu'elle est libérée, elle quitte le pays avec son enfant. De nombreuses années plus tard, elle découvre que le fils qu'elle cherchait était son bourreau, et quand elle l'apprend, elle se tait.

Wajdi Mouawad se tait à son tour et Souha se tourne vers Randa : «Elle est jolie cette histoire», dit-elle. Rien n'est ajouté et ils retrouvent les bâtons rompus de leur conversation.

Tard dans la soirée, dans la joie de cet instant passé ensemble, Wajdi Mouawad et Souha Bechara quittent l'appartement de Randa Chahal Sabbag pour prendre le métro. Pendant qu'ils attendent sur le quai, ils découvrent qu'ils ont habité le même quartier à Beyrouth. Étrange chemin : nés voisins, séparés par la guerre, pour se retrouver sur le même quai de métro.

Il décide alors de lui poser trois questions. Il lui demande ce qu'elle chantait en prison : tout ce qui me passait par la tête, dit-elle, ABBA, par exemple. Il lui demande si elle n'a pas été déçue de ne pas avoir tué Antoine Lahad ; elle répond que cela n'avait au fond aucune importance, ce qui comptait était que tous sachent qu'il pouvait être atteint. Il lui demande alors pourquoi elle a tiré deux balles et non pas une ou le chargeur entier ; elle lui explique que l'une était pour les Libanais, l'autre pour les Palestiniens.

Les stations défilent le temps de ces questions et ils se séparent, très simplement, comme deux cousins qui auraient joué ensemble la veille.

Lorsqu'il la quitte, Wajdi Mouawad se dit qu'il peut raconter cette histoire et que si, plutôt qu'une fille, la femme avait deux jumeaux, fille et garçon, ce serait beau.

INCENDIES : DE L'HISTOIRE À LA FICTION

L'Histoire est donc au départ d'*Incendies*. Mais que devient-elle ?

Au point de départ, il est question de l'occupation du Sud-Liban par l'armée israélienne. Plus précisément de la prison du Sud-Liban où des milliers de Libanais furent torturés par des bourreaux libanais travaillant à la solde de l'armée israélienne. La plupart des personnes qui sont passées par cette prison sont des femmes, car la technique consistait à torturer les femmes pour les amener à déposer et dénoncer leur mari, fils, père ou frères. Or, ce n'est là que le point de départ, le déclencheur anecdotique du reste, en ce sens que cela ne constitue en rien, ni le thème ni le fil conducteur du projet. C'est un fait historique qui me plonge dans une tempête émotive, intellectuelle et éthique complexe, tempête qui prend chez moi toute la place. Je me dois d'en parler, question de conscience, de solidarité peut-être, en tout cas, tout bêtement, parce que je n'ai pas envie de parler d'autre chose. Or, ne voulant pas, ou ne pouvant pas parler et, à la limite, n'étant pas intéressé à en parler de manière directe, j'ai eu plutôt la pulsion d'aborder la question de manière sensible. L'événement politique de l'invasion israélienne ne sera donc pas apparent. Il est plus que souterrain, il est en moi, comme un gouffre qui doit se transformer en cri. Le projet, c'est le cri. Ce cri. Cet événement est donc le déclencheur. Un déclencheur sec et brut. Les pays ne seront pas nommés. *Littoral* abordait de manière tout aussi sous-jacente la présence syrienne. *Torturés* aborde donc l'autre versant du cauchemar libanais[27].

Ces mots sont les premiers qui décrivent *Incendies*. *Incendies* ne porte d'ailleurs pas encore son nom et le changement ira dans le sens de ce qui est dit ici : l'écart de la réalité pour tomber dans la fiction[28]. Dans le document d'origine, ce paragraphe est précédé d'un titre, «Inspiration», et ce mot indique clairement la place de l'Histoire dans le processus de création : inspiration, presque au sens physiologique, comme si l'air de Khiam était inspiré pour être transformé dans les bronches de l'écriture.

Déclencheur, l'Histoire apparaît concrètement au début du travail. Dans les premiers croquis de l'histoire, retrouvés dans le cahier de répétition, on relève sa présence, à travers les mots de «Sabra et Chatila» ou la phrase : «Lui : va fuir au moment du retrait de l'armée israélienne / Va se protéger au Canada[29].» Elle est aussi convoquée au début des répétitions : l'équipe d'*Incendies* se réunit pour la première fois autour d'une table à l'été 2002 ; Wajdi Mouawad leur raconte le parcours qui l'a conduit à *Incendies*. Il leur parle de la guerre du Liban, de ses conflits fratricides, des alliances contre nature, de la question régionale, de la présence syrienne, de l'occupation israélienne, de Khiam, de Souha Bechara. Il leur montre le film de Randa Chahal Sabbag et ils découvrent à leur tour le

---

27. Document de travail, «Approche 01», archives personnelles de Wajdi Mouawad. Inédit. *Le Sang des promesses* publie un état ultérieur de ce document.

28. Dans ce premier titre, on peut lire l'influence de Sarah Kane, découverte au même moment. Elle s'ajoute à la lignée des femmes qui ont conduit Wajdi Mouawad à *Incendies*.

29. Cahier de répétitions d'*Incendies*, p. 1, 7. Inédit.

visage de la jeune femme. Dans son cahier de répétition, Wajdi Mouawad note les réactions de chacun, quelques mots, traces de longues heures de discussion : parmi eux « prison », « territoire », « rire », « origine », « étranger », « mémoire », « impuissance[30] ».

Mais peu à peu l'événement historique – l'occupation israélienne du Liban-Sud – s'efface, il perd sa référence, son identité, et devient « souterrain », « sous-jacent », pour laisser apparaître un visage, celui de l'Histoire.

L'AFFRANCHISSEMENT

Ce sont d'abord les noms qui disparaissent et la géographie qui s'abstrait. Comme dans *Littoral*, le mot « Liban » est absent. Le pays de Nawal n'est jamais nommé, il est désigné seulement ainsi, « le pays natal », « le pays », « le pays de votre mère », par la chair, donc, le lien ombilical. Il est décrit par un axe nord-sud : le « village natal » de Nawal est dans le nord du pays, où se trouvent aussi « les ruines romaines[31] ». Nabatiyé est le premier village sur « la route » qui mène vers le sud, où se situent Kfar Rayat, Kfar Riad, Kfar Matra et la plupart des camps de réfugiés. La mer borde le pays à l'ouest[32] et une frontière le sépare au sud d'un autre pays, d'où vient l'armée qui l'a envahi. Par leur sonorité, ces noms indiquent – comme les prénoms – une région du monde. Nabatiyé et Kfar Matra sont réellement deux villages libanais, mais leur présence n'affecte pas le sentiment d'abstraction du lecteur. Écrivant au Québec,

30. Cahier de répétitions d'*Incendies*, p. 23-25. Inédit.
31. *Incendies*, p. 119. (Sauf indication contraire, toutes les références à *Incendies* renvoient à la présente édition en Babel.)
32. *Ibid.*, p. 95. Kisserwan est à l'ouest, face à la mer.

pour des acteurs québécois, Wajdi Mouawad sait que nul ou presque ne les relèvera ; pour lui, ils ont valeur de «petits faits vrais», points d'attache où se noue l'intimité de l'écriture.

Disparaissent aussi les noms des confessions, des milices, des communautés – et leur nombre insensé : ni Palestiniens, ni Israéliens, ni chiites, ni druzes, ni chrétiens, ni phalangistes. On distingue dans *Incendies* seulement quatre ensembles : «les miliciens», «l'Armée du Sud», «les réfugiés», «la résistance de la région du Sud». Ces groupes sont définis par le concret de leur situation : réfugiés, résistants, miliciens, soldats. Sawda et Wahab sont réfugiés, Chad est le «chef de toutes les milices», Chamseddine est le «chef spirituel» de la résistance. Les réfugiés s'opposent aux miliciens et à l'Armée du Sud, et reçoivent le soutien de la résistance.

Pour le spectateur, cependant, la ligne de partage n'est pas si claire. Il est possible de l'isoler en lisant attentivement le texte, mais dans la dynamique du spectacle elle n'est pas simple à percevoir, et le spectacle cherche plutôt à égarer. Aucune explication de la guerre n'est donnée, aucun personnage ne s'arrête jamais pour éclaircir le contexte, les acteurs du conflit ne sont précédés d'aucun historique et se confondent par leurs crimes. Chamseddine, chef de la résistance, est «aussi violent que les autres[33]» ; miliciens et réfugiés s'entretuent dans une surenchère : «Il y a deux jours, les miliciens ont pendu trois adolescents réfugiés qui se sont aventurés en dehors des camps. Pourquoi les miliciens ont-ils pendu les trois adolescents ? Parce que deux réfugiés du camp avaient violé et tué une fille

---

33. *Ibid.*, p. 91.

du village de Kfar Samira. Pourquoi ces deux types ont-ils violé cette fille ? Parce que les miliciens avaient lapidé une famille de réfugiés. Pourquoi les miliciens l'ont-ils lapidée ? Parce que les réfugiés avaient brûlé une maison près de la colline du thym[34]. » Une relation d'équivalence est tracée, qui va jusqu'à faire disparaître les noms pour ne garder que ceux des victimes : « Ils ont été aussi chez Abdelhammas. Ils ont tué Zan, Mira, Abiel. Chez Madelwaad, ils ont fouillé partout, ils ne l'ont pas trouvé, alors ils ont égorgé toute sa famille[35]. » Le pronom « ils », sans antécédent, nomme tous et personne, renvoyant chacun dos à dos ; ce qu'ils défendent ne les distingue plus. Ainsi une question est-elle posée à l'Histoire : Y avait-il au fond tant de différence entre toutes ces milices ? À quoi bon nommer ou distinguer, lorsque les actes sont semblables et les motifs noyés ? Dans la première édition d'*Incendies*, Nawal, à un soldat qui la menaçait, disait : « Les réfugiés et les gens d'ici se ressemblent beaucoup, alors il est difficile de faire la différence[36]. » Le sang versé est un même sang, « Les frères tirent sur leurs frères et les pères sur leurs pères[37] », dit le médecin de l'orphelinat de Kfar Rayat, « Frère contre frère, sœur contre sœur[38] », dit Nawal. En faisant disparaître les noms, Wajdi Mouawad brouille les pistes et rend plus forte, plus claire l'idée d'un combat fratricide : c'est elle qui devient l'identité de cette guerre.

Les dates elles aussi disparaissent. La chronologie d'*Incendies* ne suit pas celle de la guerre du Liban,

---

34. *Ibid.*, p. 61.
35. *Ibid.*, Nawal, p. 75.
36. *Incendies*, Leméac/Actes Sud, 2003, p. 54; première édition.
37. *Incendies*, Babel, p. 60.
38. *Ibid.*, p. 76.

elle s'en affranchit entièrement pour obéir aux besoins de l'histoire. Peu de dates sont données – celles de la construction de Kfar Rayat et des massacres de Kfar Riad et Kfar Matra[39] –, mais à la lecture de la pièce, il est possible de déduire les autres et de remarquer qu'elles ne coïncident jamais avec celles des événements dont le récit s'inspire. La guerre commence peu après le départ de Nawal de son village, alors qu'elle est âgée de 19 ans. Puisqu'en 1978 Nawal a quarante ans, on peut dater approximativement le début de la guerre en 1958. Celle du Liban commence officiellement en 1975. L'incendie du bus auquel Nawal échappe se produit également autour de 1958 et s'inspire de l'incendie d'un bus de Palestiniens par les miliciens phalangistes, qui a eu lieu le 13 avril 1975[40]. La prison de Kfar Rayat date de 1978, Khiam de 1985. Les massacres de Kfar Riad et Kfar Matra sont perpétrés en 1978 et ceux de Sabra et Chatila en 1982. L'assassinat de Chad a lieu en 1978, la tentative contre Antoine Lahad en 1988.

Les dates sont absentes du texte, et cette absence, sans aucun doute choisie, est importante. Elle donne au temps un caractère insaisissable, flottant ; le temps s'écoule, mais par plongées ou incursions dans la vie des personnages. Les âges, les époques s'entre-croisent, la linéarité disparaît. Là encore quelque chose se brouille. Il ne s'agit pas de donner l'ordre des événements, de raconter leur enchaînement ou leur escalade, mais leur impact et leur violence, dans un rapport, là encore, d'équivalence : l'incendie du

---

39. *Ibid.*, respectivement p. 65 et p. 82.
40. Cet événement, considéré comme le début de la guerre du Liban, se produit sous les yeux de Wajdi Mouawad : âgé d'à peine huit ans, il se trouve sur le balcon de son appartement lorsque le bus est attaqué.

bus a la même valeur que le massacre de Kfar Riad et Kfar Matra, les vingt ans qui les séparent n'existent pas pour le spectateur. Intercalés entre des scènes du «présent», ils prennent même une force contemporaine et renvoient le spectateur tout autant au passé qu'au présent. Lorsqu'il écrit, Wajdi Mouawad n'a d'ailleurs pas seulement en tête la guerre du Liban, il écrit alors que la guerre en Irak a commencé, avec en mémoire celles de l'ex-Yougoslavie, du Rwanda, et celles d'un passé à peine plus lointain. Des détails en témoignent, comme l'évocation des machettes, inexistantes pendant la guerre du Liban, ou l'histoire de cette mère devant choisir entre ses trois fils, rapportée pendant la Seconde Guerre mondiale.

Le temps donc se dilate pour devenir symbolique. «Nous sommes au début de la guerre de cent ans[41]», dit Nawal. Par l'histoire – ce fils qui viole sa mère dans leur aveuglement réciproque –, il rejoint même celui du mythe. S'affranchissant des circonstances, du réalisme, l'histoire tombe dans un temps non historique, un présent perpétuel, où les personnages deviennent des figures. Nawal n'est pas Souha, d'elle vient son geste, ces deux balles tirées sur Chad, mais elle n'a pas son âge, pas son histoire, pas ses convictions et les violences dont elle est victime ne sont pas les mêmes. Nawal est tout à la fois Souha et Diane et d'innombrables femmes; elle est un engagement, une pensée, une émotion; «la femme qui chante».

Au cœur de l'histoire, l'Histoire perd ses murs; le récit trouve une forme de distance, de grandeur, qui ouvre vers plus de résonance: «Le plus important est de sortir du drame pour tomber tête première dans la

---

41. *Ibid.*, p. 76.

Tragédie[42] », écrivait Wajdi Mouawad dans son cahier de répétition. C'est précisément cette ligne, en quittant l'historique, qui peut s'accomplir.

Un visage

Incendies ne raconte pas une Histoire, mais, comme Sawda, «une addition monstrueuse de la douleur», «tombée à [ses] pieds[43] ». Défaite de ses circonstances, l'Histoire montre son visage, visage d'un «dieu affamé et gourmand [qui] dévore tout sur son passage et réclame toujours plus son lot de chair et de sang[44] ».

Des actes rapportés par le médecin de l'orphelinat au bus incendié sous les yeux de Nawal ou aux massacres de Kfar Matra et Kfar Riad, la violence est omniprésente. La guerre est un cauchemar, une «terrible machine[45] » qui broie les individus, fait et défait les vies au gré de ses caprices et de ses soubresauts, les réduisant en «miettes[46] ». Wajdi Mouawad ne s'intéresse pas aux personnages historiques mais aux anonymes, dont Joséphine dans *Littoral* récolte les noms pour les sauver de l'oubli, confrontés à des situations impossibles : un gardien de prison devant tuer un enfant à peine né ; une mère devant choisir l'un de ses fils pour le sauver ; une mère reconnaissant dans son bourreau le fils qui lui a été enlevé. Nul ne se souvient de la

---

42. Cahier de répétitions d'*Incendies*, p. 2. Inédit.
43. *Incendies*, Babel, p. 85. Sawda : «Nawal, écoute-moi, je ne te raconte pas une histoire. Je te raconte une douleur qui est tombée à mes pieds.»
44. *Voyage, op. cit.*, p. 57.
45. *Incendies*, Babel, p. 86.
46. *Ibid.*, p. 130.

cause de cette violence. «Ma mémoire s'arrête là[47]», dit le médecin de l'orphelinat. «Pas de cause, pas de sens[48]!» crie Nihad à Chamseddine. «Quelle guerre[49]?» demande Sawda jusqu'à l'épuisement; question d'une ironie tragique, révélant la dénégation des parents et le sentiment d'impuissance, d'absurdité de l'enfant devant cette guerre opposant des frères de sang, ce «jeu d'imbéciles[50]». La question qui hante l'écriture de Wajdi Mouawad, «Comment tout cela a-t-il commencé?»[51], est précisément celle à laquelle nulle réponse n'est possible pour cette guerre. *Incendies* met en scène une Histoire devenue une énigme plancher opaque, impénétrable, sur lequel chutent inéluctablement les âmes broyées. Que comprendre de ce qui est en marche? Et comment ne pas se sentir abandonné? Abandon «des hommes par les hommes / et les hommes par les Dieux / et les dieux par la joie[52]». Nulle parole pour comprendre, mais seulement le silence et l'ordre de l'oubli: «Tout cela n'est pas vrai...» «N'y pense plus». «...tu as rêvé»[53]. Le silence est partout, laissant chacun orphelin, seul et démuni: «Pas de valeurs pour [se] retrouver», seulement des «petites valeurs de fortune. Ce que l'on sait et ce que l'on sent. Ça, c'est bien, ça c'est pas bien[54]».

L'Histoire est dans l'œuvre de Wajdi Mouawad une force de destruction et d'anéantissement, au point

47. *Ibid.*, p. 61.
48. *Ibid.*, p. 123.
49. *Ibid.*, p. 60, p. 76.
50. *Ibid.*, p. 87.
51. Cf. postface de *Littoral*, Babel, p. 151.
52. *Forêts*, Wajdi Mouawad, Leméac/Actes Sud, 2009, p. 99.
53. *Incendies*, Babel, p. 52.
54. *Ibid.*, Nawal, p. 87.

de départ perdu. Elle est une fureur, à l'image de ce hurlement poussé dans la gorge de Nawal par Nihad, son nez de clown rouge sur son visage et ses deux mains sur celui de Nawal[55]. Wajdi Mouawad «ne se veut pas documentariste», écrit l'historienne Mélanie Traversier, mais «passeur des émotions et des questions que soulèvent les enjeux contemporains, aiguisés par les conflits survenus depuis la fin du XIXe siècle. Son théâtre, intensément tragique, ne peut être qualifié d'historique[56]». Ni cadre, ni toile, l'Histoire est un plancher, plancher des vies par elle bouleversées.

LA TRANSPARENCE DES PLAFONDS

L'HISTOIRE

Pourtant, lorsqu'il quitte la salle, le spectateur ne se sent ni piétiné, ni perdu, ni asphyxié, mais plutôt, dans son bouleversement, apaisé, consolé. Comment cela est-il possible? Par la force de l'histoire, contrepoids à l'Histoire.

L'histoire est au cœur du geste de Wajdi Mouawad, fil rouge du quatuor: histoire d'un fils qui cherche un lieu de sépulture pour enterrer le corps de son père; histoire de deux jumeaux qui tentent de retrouver leur père et leur frère inconnus; histoire d'une jeune fille

---

55. Cette image, mise en scène par Wajdi Mouawad, coïncide avec la didascalie «Nawal (60 ans) reconnaît son fils», *Incendies*, Babel, p. 125. Elle se mêle à deux autres: l'accouchement de Nawal jeune; l'accouchement de Nawal à 40 ans.

56. *Annales, op. cit.*, p. 550-553.

tentant de comprendre l'origine de l'os trouvé dans le cerveau de sa mère ; histoire d'une cellule antiterroriste tentant de déjouer un attentat. C'est elle qui appelle l'écriture : *Incendies* apparaît le jour où la phrase « une femme est torturée et violée par son fils dans leur aveuglement réciproque » surgit ; avant cet instant, il n'existe rien, pendant de longs mois il n'existe rien ; Khiam et Souha Bechara n'auraient pas suffi ; en ce sens ils ne sont pas les déclencheurs de l'écriture, mais de cette phrase, c'est-à-dire de la fiction, qui elle fera naître le désir et appellera l'écriture. L'histoire est première, elle transperce l'imaginaire puis hante l'esprit comme une obsession. Durant la phase de préparation d'*Incendies*, l'attention de Wajdi Mouawad n'était pas happée par la guerre du Liban, mais, par elle, agitée par d'innombrables questions : Comment raconter ? De quel point de vue ? Comment commencer ? Comment la mère découvre-t-elle que son bourreau est le fils perdu ? À quel instant le spectateur l'apprend-il ? Le sait-il d'emblée ou l'apprend-il en même temps qu'elle ou les jumeaux ? L'histoire s'apparente toujours à une odyssée, un personnage, adolescent ou jeune adulte, entreprend un voyage qui le ramène aux lieux de son origine, pour comprendre « comment tout cela a commencé ». La narration épouse la forme d'une enquête, d'une énigme à résoudre ; la vérité s'apprend par bribes, par étapes, dans un suspens et une montée de tension qui éclate à l'instant de la révélation. Ce qui était ignoré surgit de l'obscurité, ce qui était épars trouve une unité, ce qui était incompris, un sens. Le dénouement est le lieu où se constitue une cohérence, celui où est rompu le silence. Poursuivre devient possible et l'espoir d'une réconciliation apparaît[57]. Wajdi Mouawad prête une très grande attention au moment choisi pour finir : si *Incendies* s'était achevé à l'instant où Jeanne et Simon découvraient la vérité, l'œuvre aurait été terrifiante et l'horizon noir et obstrué ; mais la pièce s'arrête dans un jardin, avec la dernière lettre de Nawal qui les appelle enfin « Jeanne » et « Simon », et se nomme « votre mère ». Partageant leur chaise et le casque du walkman de Jeanne, Jeanne et Simon écoutent le silence de leur mère. À leurs côtés, tous sont assis sur une longue ligne de chaises, Nihad lui-même, après avoir ôté ses chaussures comme on abandonne une peau ; et chacun, d'une main, tient la bâche qui les protège de la pluie. Les mots de Nawal, écrits à ce fils perdu et retrouvé, résonnent : « Au-delà du silence, / Il y a le bonheur d'être ensemble. / Rien n'est plus beau que d'être ensemble[58]. »

L'histoire offre au spectateur un espace de consolation. Le théâtre de Wajdi Mouawad fait naître une émotion d'une force étourdissante, dans un double mouvement de proximité et d'éloignement : tressaillement, effroi, sursauts, larmes, rires. Le spectateur éprouve tout à la fois bouleversement et reconnaissance, ses propres peines trouvant sur scène un écho. Et cette émotion est partagée. Il y a dans ce théâtre une véritable expérience de la catharsis : à un instant donné, de nombreux spectateurs se trouvent au même lieu, submergés par une émotion semblable. Ainsi se réalise tout à la fois un espace de consolation

---

57. *Ciels*, toutefois, est une figure différente, contrepoint de la trilogie, où l'incohérence semble l'emporter. Ce qui a sauvé Wilfrid, Loup, Jeanne et Simon tue Victor. Il n'existe, chez Wajdi Mouawad, ni assurance, ni conviction : espérance et désespérance le partagent.

58. *Incendies*, Babel, p. 129.

et de partage, une «communauté», qui, aux heures présentes et passées de l'Histoire, celle du Moyen-Orient du moins, semble encore impossible.

L'histoire tente, dans l'œuvre de Wajdi Mouawad, d'être une force contraire aux violences de l'Histoire, en se faisant lieu de parole, de transmission : «On peut, en effet, témoigner de l'effritement du monde par l'effritement de l'art, mais il existe aussi une autre manière de tenir qui consiste à redonner de la cohérence au milieu de l'incohérence[59].» Tenir, tenir ; s'ériger contre l'Histoire et son mouvement centrifuge, en construisant une cohérence au milieu de l'incohérence, comme un radeau au milieu d'une tempête.

UN OS

Wajdi Mouawad évoque souvent son sentiment d'appartenir à une génération qui a grandi en perdant ses repères, dans un temps d'éparpillement et de multiplication des conflits, dans un monde qui n'avait plus de vérité – une vérité – à proposer : «Nous sommes nés à la fin de la guerre du Vietnam et nous nous sommes éveillés avec la guerre du Liban, puis celle de l'Iran contre l'Irak. Nous avons été dépassés par la guerre des Malouines, et puis nous avons senti la nécessité de prendre la parole avec la guerre en ex-Yougoslavie. Les hécatombes du Rwanda ont été le relais de la guerre du Golfe et ont précédé les ravages du Kosovo. Nous n'avons encore rien compris aux massacres en Algérie et personne ne nous a parlé du Tibet et très peu de la Somalie. Nous sommes devenus

---

59. *Voyage*, *op. cit.*, p. 11.

adultes avec le début de l'Intifada de septembre 2000 et notre quotidien a éclaté contre le récif du 11 septembre 2001[60].» Devant les hécatombes du siècle et l'échec des idéologies, cette génération a fait le deuil des grands récits de l'Histoire, en proie à une sensation de confusion et de dispersion.

Cette sensation est d'autant plus vive chez Wajdi Mouawad que sa propre vie a été prise dans ce mouvement, décidant de son exil, de sa présence dans un pays à mille miles de son pays natal, de sa connaissance si parfaite d'une langue étrangère acquise de force, jusqu'à l'oubli de sa langue maternelle. Né sur une terre baignée par le sang de frères, il a le sentiment d'appartenir à cette violence. Devant elle, il lui semble souvent qu'un seul choix, insupportable, est possible : «celui de la haine ou de la folie». Il a choisi de «devenir fou, non pas pour fuir la réalité, mais au contraire [se] réclamer tout entier [de] la poésie», seul lieu de résistance possible. L'émotion née de ses rencontres avec Josée Lambert, Randa Chahal Sabbag et Souha Bechara vient peut-être précisément de là, sans même qu'il s'en rende compte, résistant à l'horreur par l'objectif d'un appareil photo, la pellicule d'une caméra ou la pointe d'un morceau d'aluminium appliqué sur le carton de boîtes à fromage. «Qu'est-ce qu'une œuvre d'art aujourd'hui?» demande Wajdi Mouawad. «Des objets indigestes. L'art doit être cet os, cet événement immangeable sur lequel l'Histoire se brise les dents. Elle l'avale, mais alors l'art commence son œuvre radioactive dans le ventre de l'Histoire qui, empoisonnée, sera forcée de le recracher[61].» Contre

60. *Ibid.*, p. 16-17.
61. *Ibid.*, p. 57.

l'opacité de l'Histoire, la transparence de la poésie ; contre le sang, l'encre.

UNE HISTOIRE DE TROC

Si l'on veut une histoire, on pourrait dire que ce fut une histoire de troc. Petit, j'avais acquis, par la force des choses et des circonstances, une connaissance aiguë des armes à feu. Je savais démonter, astiquer, nettoyer, remonter et calibrer une kalachnikov. Enfant, la notion de guerre fut souvent liée à celle du jeu comme plus tard celle d'écrire sera liée à celle du voyage. Au cours de la guerre civile libanaise, avec les amis, je guettais les miliciens de passage pour m'occuper de leurs armes et pour me faire un peu d'argent de poche ; lorsque je m'endormais, je rêvais du jour encore lointain où j'aurais ma propre kalachnikov et où j'appartiendrais enfin à une vaillante milice, laquelle, après plusieurs massacres dont j'aurais été le génie et l'architecte, me ferait maître de sa destinée. Mais, mes parents, qui ne se doutaient de rien, ont déménagé en France pour attendre la fin de cette guerre qui ne s'est jamais terminée. Alors, à force d'impatience, j'ai tendu la main et j'ai attrapé le premier objet qui pouvait, un tant soit peu, ressembler à une kalachnikov, et ce fut un crayon Pilote taille fine V5. Les mots allaient devenir des cartouches ; les phrases : les chargeurs ; les acteurs : les mitrailleuses et le théâtre : le jardin. Troc pour troc, donnant donnant[62].

Enfant, Wajdi Mouawad fréquentait souvent les phalangistes, milice chrétienne basée dans les montagnes de son village natal, dans laquelle étaient engagés nombre de grands frères de ses amis. Les armes faisaient partie du quotidien, lui-même jouait avec le

---

62. *« Je t'embrasse pour finir », in Les Cahiers du théâtre français*, septembre 2008, vol. 8, n° 1, p. 124-125.

fils d'un voisin qui possédait un arsenal ; dès qu'ils s'en approchaient, le père criait : «Bernard, vérifie que les chargeurs sont vides ! »

S'il était resté, dit-il, Wajdi Mouawad aurait pris les armes, il aurait été Sawda et aurait pu tuer. En troquant son arme contre un stylo, il a donc échappé au sang. Bien sûr, il ne s'agit pas réellement de troc, il serait faux de comprendre que concrètement il a procédé à un échange, aucun échange n'est possible entre écriture et destruction, de même que «là où il y a de l'amour, il ne peut y avoir de haine[63]». La guerre, insiste souvent Wajdi Mouawad, n'est pas la cause de l'écriture, elle n'est qu'un laboratoire[64], écriture et sang sont par nature incompatibles. Nihad est l'avatar de cette alliance monstrueuse : photographiant ceux qu'il tue, chantant à écorcher l'âme, il défigure toute beauté. Clément s'opposera dans *Ciels* à Anatole pour cette raison[65] et Nawal tentera de dissuader Sawda de céder à la vengeance en lui rappelant qu'elle sait chanter. Ce qu'il faut donc comprendre dans l'image du troc, c'est sa volonté. Le troc n'est pas fortuit, il procède d'un choix, d'une promesse faite à soi-même, de ne pas sombrer dans la haine, de ne pas céder à la colère et d'épouser la phrase de Kafka : «Dans ton combat contre le monde, seconde le monde[66]. » Une phrase à laquelle *Incendies*

---

63. *Incendies*, Babel, p. 129.
64. L'écriture, ajoute-t-il, naît de la rencontre de l'art.
65. *Ciels* porte ce conflit : Anatole, poète, appelle au sang ; ses vers, d'une puissance étourdissante, sonnent l'hallali d'un siècle terrifiant. Cette alliance est pour Clément impossible ; il fera le choix de Caïn pour ne pas voir la poésie s'allier à la destruction. Deux passages, reflets inversés, sont emblématiques de ce conflit : « 1. le temps hoquetant», p. 13-15 ; «14. La vérité», p. 63-64. Leméac/Actes Sud, 2009.
66. Kafka, *Aphorismes*.

rend hommage par les mots de Nawal : «J'ai compris qu'il fallait choisir : ou je défigure le monde ou je fais tout pour le retrouver[67].» L'écriture est chez Wajdi Mouawad cette tentative de «retrouver le monde», un monde arraché par la guerre, par l'Histoire, monde de l'enfance et de l'enchantement.

Qu'est-ce que «seconder le monde»? Ne pas prendre part à sa destruction, ne pas prendre part ni parti, «[en ne haïssant] personne, jamais[68]». Tout parti est faillible et possible, aveugle et cohérent, rival et né d'un même sang. Alors que la guerre éclate de nouveau en 2006, Wajdi Mouawad avoue, dans un texte publié par *Le Devoir*, sa «courbature» :

> Au journaliste qui me demandait qu'elle était ma position dans le conflit du Moyen-Orient, je n'ai pas pu lui mentir, lui avouant que ma position relevait d'une telle impossibilité que ce n'est plus une position, c'est une courbature. Torticolis de tous les instants. Je n'ai pas de position, je n'ai pas de parti, je suis simplement bouleversé car j'appartiens tout entier à cette violence. Je regarde la terre de mon père et de ma mère et je me vois, moi : je pourrais tuer et je pourrais être des deux côtés, des six côtés, des vingt côtés. Je pourrais envahir et je pourrais terroriser. Je pourrais me défendre et je pourrais résister et, comble de tout, si j'étais l'un ou si j'étais l'autre, je saurais justifier chacun de mes agissements et justifier l'injustice qui m'habite. […] Cette guerre, c'est moi, je suis cette guerre[69].

---

67. *Incendies*, Babel, p. 88. À première lecture, le pronom «le» de «le retrouver» renvoie au fils qui a été arraché à Nawal dans sa jeunesse, mais il est aussi possible de voir en lui une reprise du «monde».

68. *Ibid.*, p. 89.

69. *Voyage,* «La courbature», p. 68-72.

L'œuvre tente donc d'adopter les différents points de vue, en se refusant à la condamnation ou au pardon. Elle témoigne seulement, atteste de chaque existence. Nihad en est un exemple frappant, lui dont le nom résonne avec celui de Nidal, sauvé par sa mère, lui tout à la fois fils et bourreau, aimé jusqu'au dernier mot dans la force d'une promesse faite à la naissance. Wajdi Mouawad s'attache de la même manière aux différents versants du «cauchemar libanais», essayant d'échapper à une vision tronquée, à l'omission ou l'obstruction. Si *Incendies* évoque l'occupation israélienne du Sud-Liban, *Littoral* et *Willy Protagoras enfermé dans les toilettes* abordent la présence syrienne et *Journée de noces chez les Cromagnons* les conflits inter-libanais.

L'écriture tente donc, d'une certaine façon, de dessiner un polygone, polygone K, d'après l'initiale du poète tchèque de langue allemande, dont l'identité était aussi éclatée. Le polygone représente à la fois les acteurs en présence – membres d'une même famille, membres d'un même conflit, membres d'une même Histoire – et la fragilité des points de vue, la complexité d'une situation et la vulnérabilité de chacun. «Du point de vue qu'il occupe», la «vision périphérique[70]» d'un individu ne peut être que partielle, il existe toujours un point mort, lieu de double aveuglement puisqu'on ne voit pas qu'on ne voit pas. Ignorance de son ignorance, chacun englué dans sa situation : Jeanne et Simon ignorait, jusqu'à la mort de leur mère, tout de leur naissance et Nihad tout de ses actes. S'il fallait représenter géométriquement la phrase de Kafka, «dans ton combat contre le monde, seconde le monde»,

---

70. *Incendies*, Babel, p. 28.

sans doute ce polygone apparaîtrait. Littérairement, le théâtre en est la forme jumelle, offrant la possibilité de représenter la multiplicité et la singularité des points de vue.

Secondant le monde, l'écriture se place donc au lieu de l'intersection, ce lieu où chacun, malgré l'opposition, malgré la division et le ressentiment, se retrouve : celui de l'ébranlement[71]. « La seule position tenable contre la dispersion : celle du funambule qui fait de son existence le lieu de la solidarité avec les vaincus[72] », écrivait Wajdi Mouawad dans le premier synopsis de *Torturés*, prêtant cette phrase à celle qui deviendra Nawal. Contre la violence et l'éparpillement, Wajdi Mouawad choisit de recueillir les mots, les « mots des maux », bris d'une violence aveugle, pour construire depuis l'épuisement et « trouver une force poétique qui ne confirme pas [la] destruction[73] » : « Sans se résigner, au contraire, s'entêter à ramasser la sciure qui tombe sur le plancher des âmes, la garder précieusement au cœur de la main puisque ce n'est que de cette sciure que peuvent naître les mots phosphorescents, vers luisants au milieu de la nuit, pour recomposer une cohérence, une cohésion, un sens, un axe, une force, sa puissance, son être[74]. » « Ne pas croire ceux qui disent "il n'y a pas assez de mots pour dire… ". Au contraire […]. Quand on n'a plus rien, il nous reste encore des mots ; si on commence à dire qu'il n'y a plus de mots alors vraiment tout est perdu, noirceur, noirceur. Chercher même si on ne trouve pas. » Chercher, jusqu'à l'épuisement,

---

71. Jan Patocka, la « solidarité des ébranlés ». Cf. postface de *Littoral*, Babel, p. 165.
72. *Le Sang des promesses, op. cit.*, p. 40.
73. *Voyage, op. cit.*, p. 11.
74. *Voyage*, « La courbature », *op. cit.*, p. 43.

même s'il faut toujours remonter la pente, même si toujours il faudra rechuter. Il s'agit seulement de survie, retrouver l'air à défaut de lumière, refuser de bannir les mots même après l'hécatombe, pour ne pas désespérer, refuser, à la manière peut-être dont Imre Kertész refuse d'entendre : « Auschwitz ne s'explique pas[75]. » Mais ces mots, cette langue ne doit pas être celle de la politique, même dans l'espace public il ne faut pas y sacrifier : « Surtout […] ne pas parler politique. Au contraire. Utiliser une langue incompréhensible à la politique. » Cette langue est celle de la poésie, celle qui fait du temps « une poule à qui on a tranché la tête », courant « comme un fou, à droite à gauche[76] », et de la guerre un loup rouge dévorant la terre[77]. La poésie fissure le monde, révélant, à la verticale des planchers opaques, la transparence des plafonds. Échapper à la gravité, aux lois physiques de l'espace et du temps, pour découvrir la profondeur d'un espace où l'esprit n'étouffe pas sur lui-même. L'écriture de Wajdi Mouawad bat de ce mouvement, celui de Souha prenant appui le long des murs exigus de sa cellule pour se hisser jusqu'à la minuscule ouverture bordant le plafond et découvrir la lumière, l'horizon. La poésie est cette échappée. « Ne haïr personne, jamais, la tête dans les étoiles, toujours[78] ». Poser la question de l'Histoire, c'est au fond poser celle de la poésie.

75. Imre Kertész, *Kaddish pour l'enfant qui ne naîtra pas*, Actes Sud, Babel n° 609, p. 47.
76. *Incendies*, Babel, p. 73.
77. *Ibid.*, p. 52.
78. *Ibid.*, p. 89.